ÉTICA E ECOESPIRITUALIDADE

Dados Internacionais de Catalogação na Publicação (CIP)
(Câmara Brasileira do Livro, SP, Brasil)

Boff, Leonardo.
  Ética e ecoespiritualidade / Leonardo Boff. –
Petrópolis, RJ : Vozes, 2011.
  Bibliografia.
  ISBN 978-85-326-2464-2
  1. Ecologia – Aspectos morais e éticos.
2. Espiritualidade. 3. Ética. I. Título.

10-12111 CDD – 304.2

Índices para catálogo sistemático:
1. Ecologia: Aspectos éticos: Sociologia 304.2

Leonardo Boff

ÉTICA E ECOESPIRITUALIDADE

Petrópolis

© by Animus/Anima Produções Ltda., 2003
Caixa Postal 92144 – Itaipava
25741-970 – Petrópolis – RJ
www.leonardoboff.com

Direitos de publicação em língua portuguesa:
2010, Editora Vozes Ltda.
Rua Frei Luís, 100
25689-900 Petrópolis, RJ
Internet: http//www.vozes.com.br
Brasil

Assessoria Jurídica e Agenciamento Literário:
Cristiano Monteiro de Miranda
(21) 9385-5335
cristianomiranda@leonardoboff.com

Todos os direitos reservados. Nenhuma parte desta obra poderá ser reproduzida ou transmitida por qualquer forma e/ou quaisquer meios (eletrônico ou mecânico, incluindo fotocópia e gravação) ou arquivada em qualquer sistema ou banco de dados sem permissão escrita da Editora.

Diretor editorial
Frei Antônio Moser

Editores
Aline dos Santos Carneiro
José Maria da Silva
Lídio Peretti
Marilac Loraine Oleniki

Secretário executivo
João Batista Kreuch

Projeto gráfico: AG.SR Desenv. Gráfico
Capa: Adriana Miranda

ISBN 978-85-326-2464-2

Edição original em língua portuguesa:
Do lugar do pobre, 1984
E a Igreja se fez povo, 1986, revista e ampliada pelo autor

Editado conforme o novo acordo ortográfico.

Este livro foi composto e impresso pela Editora Vozes Ltda.

Sumário

Introdução, 7

1 Que significa ética e moral?, 9
2 Uma ética para salvar a Terra, 14
3 A ética do cuidado essencial, 27
4 Nova cosmologia e Teologia da Libertação, 51
5 Ecoespiritualidade: ser e sentir-se Terra, 72
6 Direitos dos pobres como direitos de Deus, 82
7 Eucaristia e injustiça social, 102
8 Que significa sobrenatural?, 122
9 Ressurreição e a ameaça de destruição da humanidade, 153
10 São Francisco de Assis: pai espiritual da Teologia da Libertação, 169
11 Lutero e a libertação dos oprimidos, 194

12 Que é ser intelectual e pensador?, 221

13 Fazer política na perspectiva de libertação, 257

Índice, 287

Livros de Leonardo Boff, 293

Introdução

Sempre que irrompe uma crise grave na sociedade e nas religiões, é a espiritualidade e a ética que são imediatamente afetadas. E com razão, porque é a espiritualidade que trabalha o sentido mais profundo da vida e é a ética que, concretamente, orienta as práticas pessoais e sociais. Tal constatação se comprova nos tempos atuais que se caracterizam por grave crise global e estrutural do sentido de nosso viver na fase planetária da humanidade.

A crise começa a ser superada quando lentamente se anuncia uma nova experiência de sentido, fruto de um mergulho mais profundo no Ser e no mistério das coisas. É então que nasce uma nova espiritualidade. Ela redefine a direção do caminho, ressitua a missão do ser humano no conjunto dos seres e rasga um novo horizonte de esperança. Agora se pode avançar com entusiasmo e com vontade moldar a história.

Simultaneamente nascem também novos valores, projetam-se sonhos benfazejos e inauguram-se comportamentos novos. É o nascimento do *ethos*, vale dizer, surge uma ética adequada à percepção coletiva das novas tarefas a serem cumpridas pelos seres humanos.

Atualmente tanto a espiritualidade quanto a ética revelam uma característica singular. Elas contemplam o todo, possuem uma dimensão planetária e são desafiadas a construir consensos mínimos que possam valer para a diversidade das histórias, das culturas e dos caminhos espirituais. Pois temos a clara consciência de que, a partir de agora, todos nos encontramos dentro da mesma e única nave espacial azul-branca, o planeta Terra. É a nossa Casa Comum. Não temos outra para habitar. Devemos nos autoeducar para convivermos pacificamente dentro dela com uma ética da austeridade compartilhada, com um consumo solidário e com um sentido de corresponsabilidade coletiva pelo futuro da humanidade e da Terra.

O presente livro recolhe escritos dos últimos anos, motivados por esses desafios. Por mais diferentes que sejam os temas, a ótica sempre é fundamentalmente a mesma: abrir espaços para a liberdade, num oneroso processo de libertação, criar condições para uma espiritualidade ecológica e cósmica e enunciar princípios éticos centrados na Terra, como Gaia, como Casa Comum e como o lugar de realização da nova humanidade, enfim, reconciliada consigo mesma e com suas raízes telúricas.

1
Que significa ética e moral?

Face à crise generalizada de ética e de moral, importa resgatar o sentido originário das palavras. Ética e moral é a mesma coisa? É e não é.

1 O significado de ética

Ética é um conjunto de valores e princípios, de inspirações e indicações que valem para todos, pois estão ancorados na nossa própria humanidade. Ela responde à pergunta: Que significa agir humanamente? Para responder a isso, utilizou-se uma experiência fundamental, como orientação segura: a experiência da morada e do ato de morar. Esse é o sentido grego de *ethos*, "morada", "casa". Morada não deve ser entendida materialmente como construção com quatro paredes e telhado. Morada deve ser compreendida existencialmente, como o modo de o ser humano habitar, como forma de organizar a vida em família. Aí surgem as inspirações, os princípios e os objetivos fundamentais. Morar implica a harmonia dos que moram. Significa ainda organizar adequada e inteligentemente o interior da casa, os quartos, a sala de visita, a cozinha, o canto sagrado, onde guardamos as recordações ou a Bíblia. Morar exige que organizemos o entorno da casa, o jardim, a relação com os vizinhos para que seja pacífica e amical. Tudo isso está presente no sentido originário de ética. No fundo, ética significa viver humanamente.

Viver humanamente implica realizar o primeiro princípio de todo agir humano, chamado, por isso, de regra de ouro que é: "Não faças ao outro o que não queres que te façam a ti". Ou positivamente: "Faze ao outro o que queres que te façam a ti" (Mt 7,12). Esse princípio áureo pode ser traduzido também pela expressão de Jesus, testemunhada em todas as religiões: "Ama o próximo como a ti mesmo". É o princípio do amor universal e incondicional. Quem não quer ser amado? Quem não quer amar? Alguém quer ser odiado ou ser tratado com fria indiferença? Ninguém.

Outro princípio da humanidade essencial é o cuidado. Toda vida precisa de cuidado. Um recém-nascido deixado à sua própria sorte morre poucas horas após. O cuidado é tão essencial que, se bem observarmos, tudo o que fazemos vem acompanhado de cuidado ou de falta de cuidado. Se fazemos com cuidado, tudo pode dar certo e dura mais. Tudo o que amamos também cuidamos. A ética do cuidado hoje é fundamental: se não cuidarmos do planeta Terra, ele poderá sofrer um colapso e destruir as condições que permitem o projeto planetário humano. A própria política é o cuidado para com o bem do povo.

Outro princípio reside na solidariedade universal. Se nossos pais não fossem solidários conosco quando nascemos e nos tivessem rejeitado, não estaríamos aqui para falar de tudo isso. Se na sociedade não respeitássemos as normas coletivas em solidariedade para com todos, a vida seria impossível. A solidariedade, para existir de fato, precisa sempre ser solidariedade a partir de baixo, dos últimos e dos que mais sofrem. A solidariedade se manifesta então como com-paixão. Com-paixão quer dizer ter a mesma paixão que o outro, alegrar-se com o outro, sofrer com o outro para que nunca se sinta só em seu sofrimento, construir juntos algo bom para todos.

Pertencem também à humanidade essencial a capacidade e a vontade de perdoar. Todos somos falíveis, podemos errar involuntariamente e prejudicar o outro conscientemente. Como gostaríamos de ser perdoados, devemos também nós perdoar. Perdoar significa não deixar que o erro e o ódio tenham a última palavra. Perdoar é conceder uma chance ao outro para que possa refazer as relações boas.

Tais princípios e inspirações formam a ética. Sempre que surge outro diante de mim, aí surge o imperativo ético de tratá-lo humanamente. Sem tais valores, a vida se torna impossível.

Por isso, *ethos*, de onde vem *ética*, significava, para os gregos, "a casa". Na casa, cada coisa tem seu lugar, e os que nela habitam devem ordenar seus comportamentos para que todos possam sentir-se bem. Hoje a casa não é apenas a casa individual de cada pessoa, é também a cidade, o estado e o planeta

Terra como Casa Comum. Eis, pois, o que é a ética. Vejamos agora o que é moral.

2 O significado de moral

Se *ethos/ética* significa "a morada humana", a moral então sinaliza as formas e os diferentes estilos de se organizar a casa. Isso depende de cada cultura que é sempre diferente da outra.

Um indígena, um chinês, um africano, vivem do seu jeito o amor, o cuidado, a solidariedade e o perdão. A esse jeito diferente chamamos de moral. Formalizando, podemos dizer: a moral é o conjunto concreto de preceitos e normas que organizam a vida das pessoas, das comunidades e das sociedades e, hoje, da comunidade planetária. Ética, existe uma só para todos. Moral, existem muitas, de acordo com as maneiras diferentes como os seres humanos organizam a vida. Vamos dar um exemplo. Importante é ter uma casa (ética). O estilo e a maneira de construí-la podem variar (moral). Pode ser simples, rústica, moderna, colonial, gótica, contanto que seja casa habitável. Assim é com a ética e a moral.

Hoje devemos construir juntos a Casa Comum, para que nela todos possam caber, inclusive a natureza. Faz-se mister uma ética comum, um consenso mínimo no qual todos se possam encontrar. E, ao mesmo tempo, respeitar as maneiras diferentes como os povos organizam a ética, dando origem às várias morais, vale dizer, os vários modos de organizar a família, de cuidar das pessoas e da natureza, de estabelecer os laços de solidariedade entre todos, os estilos de manifestar o perdão.

A ética e as morais devem servir à vida, à convivência humana e à preservação da Casa Comum, a única que temos, que é o planeta Terra.

Há uma referência comum já construída em anos de trabalho reflexivo e de encontros interculturais que se configurou na Carta da Terra. Aí temos um primeiro ensaio coletivo de uma ética e moral planetárias. Vejamos essa proposta com mais detalhe no próximo capítulo.

2
Uma ética para salvar a Terra

Entre os muitos ensaios sobre ética mundial, ressalta por sua abrangência, alcance e beleza aquele proposto pela Carta da Terra. Esta representa a cristalização bem-sucedida da nova consciência ecológica e planetária, fundadora de um novo paradigma civilizatório.

A Carta da Terra parte de uma visão ética integradora e holística. Considera as interdependências entre pobreza, degradação ambiental, injustiça social, conflitos étnicos, paz, democracia, ética e crise espiritual. Ela representa um grito de urgência face às ameaças que pesam sobre a biosfera e sobre o projeto planetário humano e também um libelo em favor da esperança e de um futuro comum da Terra e da humanidade.

Seus formuladores dizem-no claramente:

> A Carta da Terra está concebida como uma declaração de princípios éticos fundamentais e como um roteiro prático de significado duradouro, amplamente compartido por todos os povos. De forma similar à Declaração Universal dos Direitos Humanos das Nações

Unidas, a Carta da Terra será utilizada como um código universal de conduta para guiar os povos e as nações na direção de um futuro sustentável[1].

1 O processo de elaboração da Carta da Terra

O texto da Carta da Terra madurou durante muitos anos a partir de uma ampla discussão em nível mundial.

Um nicho de pensamento se encontra no seio da Organização das Nações Unidas (ONU). Criada em 1945, propunha-se, como tarefa fundamental, a segurança mundial sustentada por três polos principais: os direitos humanos, a paz e o desenvolvimento socioeconômico. Não se fazia ainda nenhuma menção à questão ecológica. Esta irrompeu estrepitosamente em 1972 com o Clube de Roma, o primeiro grande balanço sobre a situação da Terra, que denunciava a forma destrutiva dos meios de produção e propunha, como terapia, limites ao crescimento. Nesse mesmo ano, a ONU organizou o primeiro grande encontro mundial sobre o meio ambiente em Estocolmo, na Suécia. Aí surgiu a consciência de que o meio ambiente deve constituir a preocupação central da humanidade e o contexto concreto de todos os problemas. Inarredavelmente o futuro da Terra e da humanidade depende das condições am-

---

1. SECRETARIA INTERNACIONAL DEL PROYECTO CARTA DE LA TIERRA. *La Carta de la Tierra*: valores y principios para un futuro sostenible. San José, Costa Rica, 1999, p. 12.

bientais e ecológicas propícias à vida. Impõe-se desenvolver valores e propor princípios que garantam um equilíbrio ecológico, capaz de manter e fazer desenvolver a vida.

Em 1982, na sequência dessa preocupação ecológica, publicou-se a Carta Mundial para a Natureza. Em 1987, a Comissão Mundial sobre Meio Ambiente e Desenvolvimento (Comissão Brundtland) propunha o moto que continua fazendo fortuna até os dias de hoje, o "desenvolvimento sustentável". Sugeria, outrossim, uma Carta da Terra que regulasse as relações entre estes dois campos, o meio ambiente e o desenvolvimento.

Em 1992, por ocasião da Cúpula da Terra, realizada no Rio de Janeiro, foi proposta uma Carta da Terra que havia sido discutida em nível mundial por organizações não governamentais, por grupos comprometidos e científicos, bem como por governos nacionais. Ela deveria funcionar como o cimento ético a conferir coerência e unidade a todos os projetos dessa importante reunião. Mas não houve consenso entre os governos, seja porque o próprio texto não estava suficientemente maduro, seja porque faltava o suficiente estado de consciência por parte dos participantes da Cúpula da Terra que permitisse acolher uma Carta da Terra. Em seu lugar, adotou-se a Declaração do Rio sobre Meio Ambiente e Desenvolvimento. Tal rejeição provocou grande frustração nos meios mais conscientes e comprometidos com o futuro ecológico da Terra e da humanidade.

Surgiu, então, o segundo e decisivo nicho de pensamento e criação: duas organizações internacionais não governamentais, a saber, a Cruz Verde Internacional e o Conselho da Terra, com o apoio do governo holandês. Essas duas entidades assumiram o desafio de buscar formas para se chegar a uma Carta da Terra.

Em 1995, copatrocinaram um encontro em Haia, na Holanda, onde sessenta representantes das mais diversas áreas junto com outros interessados criaram a Comissão da Carta da Terra com o propósito de organizar uma consulta mundial durante dois anos, ao fim dos quais deveria chegar-se a um esboço de Carta da Terra.

Ao mesmo tempo, foram recopilados os princípios e os instrumentos existentes de direito internacional, identificáveis na vasta documentação oficial sobre questões ecológicas. O resultado foi a confecção de um informe com o título "Princípios de conservação ambiental e desenvolvimento sustentado: resumo e reconhecimento".

Em 1997, criou-se a Comissão da Carta da Terra composta por 23 personalidades mundiais, oriundas de todos os continentes, para acompanhar o processo de consulta e redigir um primeiro esboço do documento sob a coordenação de Maurice Strong (Canadá, coordenador geral da Cúpula da Terra, Rio-92) e Mikhail Gorbachev (Rússia, presidente da Cruz Verde Internacional).

Em março de 1997, durante o Fórum Rio+5, a comissão apresentou um primeiro esboço da Carta da

Terra. Os anos de 1998 e 1999 foram de ampla discussão em todos os continentes e em todos os níveis (desde escolas primárias e comunidades de base até centros de pesquisa e ministérios de educação) sobre a Carta da Terra. Cerca de 46 países e mais de cem mil pessoas foram envolvidas. Muitos projetos de Carta da Terra foram propostos. Até que, em abril de 1999, sob a orientação de Steven Rockfeller, budista e professor de filosofia da religião e de ética, escreveu-se um segundo esboço de Carta da Terra, reunindo as principais ressonâncias e convergências mundiais. De 12 a 14 de março de 2000 na Unesco, em Paris, incorporaram-se as últimas contribuições e ratificou-se a Carta da Terra.

A partir de agora, temos a ver com um texto oficial, aberto a discussões e a novas incorporações até que seja proposto ao endosso da ONU, após ampla discussão. Aprovou-se uma campanha mundial de apoio à Carta da Terra com o propósito de conquistar mais e mais pessoas, instituições e governos a essa nova visão ética e ecológica, capaz de fundar um princípio civilizatório benfazejo para o futuro da Terra e da humanidade. Depois de apresentada e discutida pela Assembleia da ONU – esse é o propósito –, terá o mesmo valor que a Carta dos Direitos Humanos, inicialmente, como lei branda, depois como lei de referência mundial, em nome da qual os violadores da dignidade da Terra poderão ser levados à barra dos tribunais.

2 Princípios e valores éticos da Carta da Terra

O mérito principal da Carta da Terra é colocar como eixo articulador a categoria da inter-retro-relação de tudo com tudo. Isso lhe permite sustentar o destino comum da Terra e da humanidade e reafirmar a convicção de que formamos uma grande comunidade terrenal e cósmica. As perspectivas desenvolvidas pelas ciências da Terra, pela nova cosmologia, pela física quântica, pela biologia contemporânea e os pontos mais seguros do paradigma holístico da ecologia subjazem ao texto da Carta.

Ela se divide em quatro partes: um preâmbulo, princípios fundamentais, princípios de apoio e uma conclusão.

O preâmbulo afirma enfaticamente que a Terra está viva e com a humanidade forma parte de um vasto universo em evolução. Nessa afirmação cuidadosamente formulada, ressoa não só a teoria da Gaia, proposta por James Lovelock e por outros, mas também a crença ancestral dos povos, segundo a qual a Terra é a Grande Mãe, geradora de toda a vida. Hoje esse superorganismo vivo está ameaçado em seu equilíbrio dinâmico devido às formas exploradoras e predatórias do modo de produção dos bens, modo esse mundialmente integrado.

Face a essa situação global, temos o dever sagrado de assegurar a vitalidade, a diversidade, a integridade e a beleza de nossa Casa Comum. Para isso precisamos refazer uma nova aliança com a Terra e refundar um novo pacto social de responsabilidade entre todos os humanos, radicado numa dimensão espiritual de reverência face ao mistério da existência, de gratidão pelo presente da vida e de humildade diante do lugar que o ser humano ocupa no conjunto dos seres.

Melhor do que resumir os conteúdos éticos, faríamos bem em transcrever os 16 princípios fundantes do novo *ethos* mundial:

I Respeitar e cuidar da comunidade da vida

1. Respeitar a Terra e a vida com toda a sua diversidade.
2. Cuidar da comunidade da vida com compreensão, compaixão e amor.
3. Construir sociedades democráticas, justas, sustentáveis, participativas e pacíficas.
4. Assegurar a riqueza e a beleza da Terra para as gerações presentes e futuras.

II Integridade ecológica

5. Proteger e restaurar a integridade dos sistemas ecológicos da Terra, com especial preocupação pela diversidade biológica e pelos processos naturais que sustentam a vida.
6. Prevenir o dano ao ambiente como o melhor método de proteção ambiental e, diante dos limites de nosso conhecimento, impor-se o caminho da prudência.

7. Adotar padrões de produção, consumo e reprodução que protejam as capacidades regenerativas da Terra, os direitos humanos e o bem-estar comunitário.

8. Aprofundar o estudo da sustentabilidade ecológica e promover a troca aberta e uma ampla aplicação do conhecimento adquirido.

III Justiça social e econômica

9. Erradicar a pobreza como um imperativo ético, social, econômico e ambiental.

10. Garantir que as atividades e instituições econômicas em todos os níveis promovam o desenvolvimento humano de forma equitativa e sustentável.

11. Afirmar a igualdade e a equidade de gênero como pré-requisitos para o desenvolvimento sustentável e assegurar o acesso universal à educação, ao cuidado da saúde e às oportunidades econômicas.

12. Apoiar, sem discriminação, os direitos de todas as pessoas a um ambiente natural e social, capaz de assegurar a dignidade humana, a saúde corporal e o bem-estar espiritual, dando especial atenção aos direitos dos povos indígenas e das minorias.

IV Democracia, não violência e paz

13. Reforçar as instituições democráticas em todos os níveis e garantir-lhes transparência e cre-

dibilidade no exercício do governo, participação inclusiva na tomada de decisões e no acesso à justiça.

14. Integrar, na educação formal e na aprendizagem ao longo da vida, os conhecimentos, valores e habilidades necessários para um modo de vida sustentável.

15. Tratar todos os seres vivos com respeito e consideração.

16. Promover uma cultura de tolerância, de não violência e de paz.

A Carta da Terra expressa, como efeito final, a confiança na capacidade regenerativa da Terra e na responsabilidade compartida dos seres humanos de aprenderem a amar e a cuidar do Lar comum. Só assim garantiremos um futuro comum e alcançaremos a paz tão ansiada, entendida como "a plenitude criada por relações corretas consigo mesmo, com outras pessoas, com outras culturas, com outras vidas, com a Terra e com a totalidade maior da qual somos parte".

Concluindo, podemos dizer: tudo o que precisamos para o atual estado da Terra encontramos nessa proposta de ética mundial, seguramente a mais articulada, universal e elegante que se produziu até agora. Se essa Carta da Terra for universalmente assumida, mudará o estado de consciência da humanidade. A Terra ganhará, finalmente, centralidade junto com todos os filhos e filhas da Terra que se responsabilizam pelo futuro comum.

Nela não haverá mais lugar para o empobrecido, para o excluído e para o agressor da própria Grande Mãe. Mais e mais os seres humanos se entenderão como a própria Terra que, em seu lento e progressivo evoluir, alcançou o estágio do sentimento, do pensamento, do amor, do cuidado, da compaixão e da veneração.

3 Três pontos relevantes na Carta da Terra

A Carta da Terra contém uma riqueza de conteúdo inestimável, cobrindo, praticamente, todas as áreas de interesse para uma vida harmônica na nave-espacial Terra. Três pontos, entretanto, cabe ressaltar.

O primeiro deles é a aura benfazeja que cerca todo o documento. Há a consciência da gravidade do estado da Terra e da humanidade. Mas nem por isso prevalece o abatimento e a resignação. Antes, há lugar para a esperança, há confiança na responsabilidade humana e há a certeza de um novo concerto sinergético e amoroso entre Terra e humanidade. Deixa-se para trás a visão meramente positivista e mecanicista da natureza. Em seu lugar entra a concepção contemporânea que resgata a perspectiva ancestral que capta o caráter de mistério do universo e da vida. Os valores da solidariedade, da inclusão e da reverência pervadem todo o texto.

O segundo ponto é a superação do conceito fechado de desenvolvimento sustentável. Essa categoria é oficial em todos os documentos internacionais. Foi a fórmula pela qual o sistema mundial im-

perante conseguiu incorporar as exigências do discurso ecológico. Mas ele é profundamente contraditório em seus próprios termos. Pois o termo *desenvolvimento* vem do campo da economia; não de qualquer economia, mas da economia do tipo imperante, que visa à acumulação de bens e serviços de forma crescente e linear mesmo à custa de iniquidade social e depredação ecológica. Esse modelo é gerador de desigualdades e desequilíbrios, inegáveis em todos os campos em que ele é dominante.

A sustentabilidade provém do campo da ecologia e da biologia. Ela afirma a inclusão de todos no processo de inter-retro-relação que caracteriza todos os seres em ecossistemas. A sustentabilidade afirma o equilíbrio dinâmico que permite todos participarem e se verem incluídos no processo global.

Entendidos assim os termos, vê-se que a expressão *desenvolvimento sustentável* se torna, na prática, inexequível. Os termos se contrapõem e não revelam uma forma nova e alternativa de relação entre produção de bens necessários à vida e à comodidade humana e natureza com seus recursos limitados.

Em suas redações, a Carta da Terra havia incorporado, como eixo estruturador, o termo *desenvolvimento sustentável*. Graças às acaloradas e minuciosas discussões internas, superou-se essa terminologia. Manteve-se a categoria *sustentabilidade*, como fundamental para o sistema-vida e para o sistema-Terra. Mais que buscar um desenvolvimento sustentável, importa construir uma vida sustentável, uma sociedade sustentável e uma Terra sustentável. Garantida essa sustentabilidade básica, pode-se falar com propriedade de desenvolvimento sustentável. É dentro dessa compreensão que na Carta da Terra se usa, às vezes, o termo, mas libertado de sua compreensão oficial.

O terceiro ponto reside na ética do cuidado. Já em 1991, a União Internacional para a Conservação da Natureza (Uicn), o Programa das Nações Unidas para o Meio Ambiente (Pnuma) e o Fundo Mundial para a Natureza (WWF) publicaram conjuntamente um dos textos mais articulados e práticos que levava como título programático "Caring for the Earth. A Strategy for Sustainable Living" [Cuidando do planeta Terra. Uma estratégia para o futuro da vida]. O cuidado era a categoria que unia todas as práticas de preservação, regeneração e trato para com a natureza. O cuidado era apresentando como o valor principal de uma ética ecológico-social-espiritual.

Com isso se resgatava o cuidado em seu sentido antropológico e ético como uma relação amorosa para com a realidade, para além dos interesses de uso. O cuidado está ligado aos processos da vida, seja em sua manutenção e reprodução, seja em sua construção social.

Pelo cuidado, o ser humano pessoal e coletivo supera as desconfianças, os medos e estabelece os fundamentos para uma paz duradoura.

Essas visões perpassam o texto da Carta da Terra e fazem dela uma das expressões éticas e espirituais mais acabadas dos últimos tempos.

Belamente conclui a Carta da Terra: "Que o nosso tempo seja lembrado pelo despertar de uma nova reverência face à vida, por um compromisso firme de alcançar a sustentabilidade, pela rápida luta pela justiça e pela paz e pela alegre celebração da vida".

3
A ética do cuidado essencial

Consideramos no capítulo anterior as intuições básicas de uma ética planetária oferecidas pela Carta da Terra, intuições que se estruturam em quatro grandes princípios que, por sua vez, concretizam-se em 16 indicações práticas e fundamentais. Mas, antes de mais nada, a Carta da Terra propõe uma nova ótica que dá origem a uma nova ética. A nova *ótica* é entender as inter-retro-conexões de tudo com tudo, pois "nossos desafios ambientais, econômicos, políticos, sociais e espirituais estão interligados e juntos podemos forjar soluções includentes" (Preâmbulo, Desafios Futuros). E a nova *ética*, coerente com a nova ótica, funda-se nas quatro energias criadoras da realidade humana ecologicamente sadia, chamadas de princípios que são:

I. Respeitar e cuidar da comunidade da vida.

II. Integridade ecológica.

III. Justiça social e econômica.

IV. Democracia, não violência e paz.

O efeito da vigência social e cultural desses quatro princípios, "todos interdependentes", é "um modo de vida sustentável" (Preâmbulo, Responsabilidade Universal). Esse "modo de vida sustentável" equivale à felicidade nas éticas tradicionais que vêm da tradição grega, medieval e também moderna. O supremo valor atual, aquele que deve salvar o sistema da vida, da humanidade e da Terra, vem sob o signo do cuidado. Ele representa o novo sonho coletivo da humanidade. A Carta da Terra lhe deu um nome: modo de vida sustentável.

1 O novo sonho: o modo de vida sustentável

Modo de vida sustentável implica muito mais que o conhecido desenvolvimento sustentável, palavra-chave dos documentos oficiais, dos governos e dos organismos multilaterais[1], cujo sentido é ampliado pela Carta da Terra. Modo de vida sustentável: o novo sonho ético e cultural da humanidade. Ele supõe uma outra forma de conceber o futuro comum da Terra e da humanidade e, por isso, demanda uma verdadeira revolução nas mentes e nos corações, nos valores e nos hábitos, nas formas de produção e de relacionamento com a natureza. Supõe entender "a humanidade como parte de um vasto universo em evolução" e a "Terra como nosso lar e viva"; supõe também viver "o espírito de parentes-

---

1. Para um detalhamento do tema, cf.: BOFF, L. *Ecologia*: grito da Terra, grito dos pobres. São Paulo: Ática, 1995. • Id. *Ecologia, mundialização, espiritualidade*: emergência. São Paulo: Ática, 1993.

co com toda a vida" e assumir "a responsabilidade pelo presente e pelo futuro do bem-estar da família humana e de todo o mundo dos seres vivos", cuidando em utilizar racionalmente os bens escassos da natureza para não prejudicar o capital natural nem as gerações futuras que também têm direito a uma qualidade de vida boa e a instituições minimamente justas, sempre "voltadas primariamente a ser mais do que a ter mais" e vivendo, "com reverência, o mistério da existência; com gratidão, o dom da vida; e, com humildade, o nosso lugar na natureza".

Como se depreende, esse modo de vida sustentável demanda um ser humano novo, criando uma história diferente daquela que ele construiu até hoje. Somente através desse modo de vida sustentável podemos responder, "juntos na esperança", aos desafios de vida e de morte que enfrentamos.

O Preâmbulo abre com uma constatação da mais alta seriedade e que motivou a criação da Carta da Terra: "Estamos diante de um momento crítico da história da Terra, numa época em que a humanidade deve escolher o seu futuro [...] ou formar uma aliança global para *cuidar* da Terra e uns dos outros, ou arriscar a nossa destruição e a da diversidade da vida". Mais adiante constata-se: "As bases da segurança global estão ameaçadas".

Sim, essas afirmações não são alarmistas. Elas revelam a real encruzilhada a que chegou a humanidade. Ela, com a razão analítica e com o projeto da tecnociência, a serviço da dominação da natureza e das pessoas, criou o princípio da autodestruição. Com as armas biológicas, químicas e nucleares, podemos devastar profundamente a biosfera e impossibilitar o projeto planetário humano, quem sabe, pondo fim à espécie *homo sapiens* e *demens*[2].

Até hoje nos permitíamos, insensatamente, desmatar, poluir a atmosfera, contaminar as águas e fazer guerras com armas convencionais. Partíamos do pressuposto de que os recursos naturais eram infinitos e regeneráveis. E que a vida e a Terra continuariam, indefinidamente, em direção ao futuro.

Essa pressuposição é ilusória. Os recursos não são infinitos. E a Terra pode ser devastada completamente[3]. As potências militaristas atuais podem mover guerras vergonhosas contra países mais fracos. Mas não podem fazê-las entre aquelas que detêm armas de destruição em massa. Seria o fim das civilizações, quem sabe, do próprio futuro humano. Por isso, ou cuidamos da herança recebida de 15 bilhões de trabalho cósmico e de 3,8 bilhões de atividade biótica ou poderemos conhecer o destino dos dinossauros que, num curto lapso de tempo, desapareceram, há 67 milhões de anos, após reinarem, soberanos, por mais de 130 milhões de anos sobre a face da Terra.

Com outras palavras: humanidade e Terra comparecem juntas diante do futuro. Esse futuro não

---

2. Cf. BOFF, L. *Do iceberg à arca de Noé*. Rio de Janeiro: Garamond, 2002.

3. Cf. TOOLAN, D. The State of Earth. In: *At Home in the Cosmos*. Parte III. Nova York: Orbis Books, 2001, p. 75-125.

está mais garantido pelas forças diretivas do universo. Nós precisamos querê-lo. Ele depende de uma *decisão* ética e política dos seres humanos. Por isso, a Carta da Terra diz com realismo: "Devemos *decidir* viver com um sentido de responsabilidade universal" (Preâmbulo).

Coerentemente, ao princípio da autodestruição é urgente contrapor o princípio do cuidado e da corresponsabilidade universal.

Se a Carta da Terra chama atenção para esses riscos, recorda também as oportunidades possíveis. Para o espírito da Carta, o cenário é de crise, não de tragédia. E toda crise é acrisoladora e purificadora. Oferece a chance de grandes mudanças e do surgimento de uma ordem mais alta e benfazeja. "Grandes perigos, grandes promessas [...] as tendências são perigosas, mas não inevitáveis", proclama, com razão, o Preâmbulo.

É nesse contexto que ganha relevância a ética do cuidado, proposta pela Carta da Terra, como um dos eixos articuladores do modo de vida sustentável. Ou ele será orientado pelo cuidado ou não será sustentável[4].

---

4. Para toda essa questão, cf. HILL, B.R. *Christian Faith and the Environment*. Nova York: Orbis Books, 1998. • DES JARDINS, J.R. *Environmental Ethics*. Belmont: Wadsworth Publishing Company, 1977. • AUER, A. *Umweltethik*. Düsseldorf: Patmos, 1985 • SCHMITZ, P. *Ist die Schöpfung noch zu retten?* Würzburg: Echter, 1995.

2 O cuidado e suas ressonâncias na Carta da Terra

Por quatro vezes usa-se, na Carta da Terra, o *cuidar* sempre em contextos importantes: "cuidar da Terra e uns dos outros" (Preâmbulo); "respeitar e *cuidar* da comunidade de vida" (Princípio I); "*cuidar* da comunidade de vida com compreensão, compaixão e amor" (I, 2); "cuidar dos próprios ambientes" (IV, 13, f).

Mas as ressonâncias do cuidado ou termos aparentados permeiam todo o texto. Especialmente as categorias correlatas do cuidado como a "sustentabilidade" e a "responsabilidade" ganham proeminência. A sustentabilidade não é atribuída apenas ao desenvolvimento, mas ao novo modo de vida (Preâmbulo), à vida (II,5), à subsistência (III, 9,b), à sociedade (Preâmbulo; III,12,c) e à sociedade global (O caminho adiante). A responsabilidade é universal e de uns para com os outros (Preâmbulo). Ou se usa também a "preocupação comum" pelo meio ambiente global (Preâmbulo; II,5). Outras vezes se usa "preservação de uma biosfera saudável" (Preâmbulo), ou se incita a "preservar nossa herança natural" (II,5,b), ou também se pede proteger e se postula "proteção da integridade" da natureza (II,5) ou "das reservas" naturais (II,5,a; III, 12,b; IV,15,b) ou ainda "da capacidade regenerativa da Terra" (II,7). Usa-se também "assumir uma atitude de precaução" (II,6) e urge "prevenir o dano ao meio ambiente" (II,6; II,5,d).

Queremos concentrar-nos na categoria "cuidado" pelas virtualidades que encerra[5]. Cuidado e sustentabilidade são, ao nosso ver, as categorias centrais do novo paradigma planetário e os dois princípios capazes de viabilizar uma sociedade globalizada e possibilitar um desenvolvimento que satisfaça as necessidades humanas e dos demais seres da comunidade biótica e, ao mesmo tempo, preserve a integridade, a beleza e a capacidade de regeneração da natureza com seus recursos, em vista também das gerações que virão depois de nós. Esse é o entendimento do que seja sustentabilidade[6].

Que é o cuidado? Quando surge? Qual sua função no processo da vida? Como se estrutura um *ethos* fundado no cuidado?

---

5. Cf. a seguinte bibliografia principal: BOFF, L. *Saber cuidar*: ética do humano – compaixão pela Terra. Petrópolis: Vozes, 1999. • ROSELLÓ, F.T. *Antropologia del cuidar*. Barcelona: Fundación Mapfre Medicina, 1998. • WALDOW, V.R. *Cuidado humano* – Resgate necessário. Porto Alegre: Sagra Luzzatto, 1998. • FRY, S.T. *A Global Agenda for Caring*. Nova York: National League for Nursing Press, 1993, p. 175-179. • Id. The Philosophical Foundations of Caring. In: LEININGER, M.M. (org.). *Ethical and Moral Dimensions of Care*. Detroit: Wayne State University Press, 1990. • LEININGER, M.M. & WATSON, J. *The Caring Imperative in Education*. Nova York: Nation League for Nursing, 1990. • MAYEROFF, M. *On Caring*. Nova York: Harper Perennial, 1971. • MORSE, J.M. et al. "Concepts of Caring and Caring as a Concept". *Advances in Nursing Science*, v. 13, n. 1. p. 1-14, 1990. • NODDINGS, N. *Caring*: a Feminine Approach to Ethics and Moral Education. Berkeley: University of California Press, 1984. • CHINN, P.L. *Anthology on Caring*. Nova York: Nation League of Nursing Press, 1991. • ROSSI, M.J. dos S. "O curar e o cuidar – A história de uma relação". *Revista Brasileira de Enfermagem*, v. 44, n. 1, p. 16-21, 1991. Brasília.

6. Cf. o clássico: GOODLAND, R. et al. Medio ambiente y desarrollo sostenible. In: *Más allá del informe Brundtland*. Madri: Trotta, 1992.

3 A fábula do Cuidado e suas implicações

Para introduzir-nos à compreensão do cuidado, nada melhor do que aduzirmos a famosa fábula número 220 de Higino (43 a.c.-17 d.C.), escravo liberto de César Augusto, seu bibliotecário e filósofo[7]. Eis como reza a fábula:

> Certo dia, Cuidado, passeando nas margens do rio, tomou um pedaço de barro e moldou-o na forma do ser humano. Nisso apareceu Júpiter e, a pedido de Cuidado, insuflou-lhe espírito. Cuidado quis dar-lhe um nome, mas Júpiter lho proibiu, querendo ele impor o nome. Começou uma discussão entre ambos.
>
> Nisso apareceu a Terra, alegando que o barro é parte de seu corpo e que, por isso, tinha o direito de escolher um nome. Gerou-se uma discussão generalizada e sem solução.
>
> Então todos aceitaram chamar Saturno, o velho deus ancestral e senhor do tempo, para ser o árbitro. Este tomou a seguinte sentença, considerada justa:
>
> – Você, Júpiter, que lhe deu o espírito, receberá o espírito de volta quando essa criatura morrer. Você, Terra, que lhe forneceu o corpo, receberá o corpo de volta, quando essa criatura morrer. E você, Cuidado, que foi o primeiro a moldar a criatura, acompanhá-la-á por todo o tempo em que ela viver. E, como vocês não chegaram a nenhum consenso sobre o nome,

---

7. O texto latino se encontra em HEIDEGGER, M. *Ser e tempo.* V. I. Petrópolis: Vozes, 1989, p. 263.

decido eu: chamar-se-á *homem*, que vem de *húmus*, que significa "terra fértil". Essa fábula está cheia de implicações antropológicas e ecológicas. Antes de mais nada, importa enfatizar que o cuidado é anterior ao espírito infundido por Júpiter e anterior ao corpo emprestado pela Terra. A concepção corpo-espírito não é, portanto, originária. Originário é o cuidado, "que foi o primeiro a moldar o ser humano". O Cuidado o fez com "cuidado", zelo e devoção, portanto, com uma atitude amorosa.

O cuidado é o *a priori* ontológico, aquilo que deve existir antes, para que possa surgir o ser humano. O cuidado, portanto, está na raiz fontal da constituição do ser humano. Sem ele, o humano não existiria.

O cuidado constitui, assim, a real e verdadeira essência do ser humano. Daí, como se diz na fábula, o "cuidado acompanhará o ser humano por todo o tempo em que ele viver". Tudo o que o ser humano fizer com cuidado revelará quem ele é.

Com razão diz o psicanalista Rollo May: "Na atual confusão de episódios racionalistas e técnicos, perdemos de vista o ser humano. Devemos voltar humildemente ao simples cuidado. É o mito do cuidado, e somente ele que nos permite resistir ao cinismo e à apatia, doenças psicológicas de nosso tempo"[8].

---

8. MAY, R. The Sense of Caring. In: *Love and Will*. [s.l.]: W.W. Norton & Company, 1969, p. 338.

4 O cuidado na cosmogênese e na biogênese

Se bem repararmos, o cuidado não é apenas uma categoria que define quem é o ser humano – homem e mulher –, mas também nos permite entender o universo. O cuidado é tão ancestral quanto o cosmos em evolução.

Se após o *big-bang* não tivesse havido cuidado por parte das forças diretivas pelas quais o universo se autocria e autorregula, a saber, a força gravitacional, a eletromagnética, a nuclear fraca e forte, tudo se expandiria demais, impedindo que a matéria se adensasse e formasse o universo como o conhecemos. Ou tudo se retrairia a ponto de o universo colapsar sobre si mesmo em intermináveis explosões, impedindo a formação de matéria ordenada. Mas não. Tudo se processou com um cuidado tão sutil, num equilíbrio tão "cuidadoso", de fracções de bilionésimos de segundo, como calcularam os cosmólogos S. Weinberg[9] e S. Hawking[10], que permitiu estarmos aqui para falar de todas essas coisas.

Esse cuidado se potenciou quando surgiu a vida, há 3,8 bilhões de anos. A bactéria originária, com cuidado singularíssimo, dialogou quimicamente com o meio para garantir sua sobrevivência e evolução.

---

9. WEINBERG, S. *Os três primeiros minutos*; uma análise moderna da origem do universo. Lisboa: Gradiva, 1987.

10. HAWKING, S. *Uma breve história do tempo*. Rio de Janeiro: Nova Fronteira, 1992.

O cuidado se complexificou mais ainda quando surgiram os mamíferos, de onde também nós viemos, há 125 milhões de anos, e com eles o cérebro límbico, o órgão do afeto, do cuidado e do enternecimento. O cuidado ganhou centralidade com a emergência do ser humano, há 7 milhões de anos. O cuidado é sua estrutura de base sobre a qual constrói sua essência, na lição da fábula analisada acima. Nós só existimos porque nossas mães nos cuidaram ainda em seu ventre. E, quando nascemos, dispensaram-nos todo o cuidado, num ato de incondicional generosidade e amor. Coube a Donald W. Winnicott (1896-1962), esse extraordinário pediatra e psicanalista inglês, mostrar a importância fundamental do cuidado materno na constituição das estruturas psicológicas básicas da criança, estruturas que vão definir sua orientação ética e sua relação com a alteridade"[11].

O cuidado é aquela condição prévia que permite o eclodir da inteligência e da amorosidade, é o orientador antecipado de todo comportamento para que seja livre e responsável, enfim, tipicamente humano. Cuidado é gesto amoroso para com a realida-

---

11. WINNICOTT, D.W. "Dependence in Infant Care, Child Care, Psychoanalytic Setting". *Journal of Psychoanalysis*, v. 43, p. 238-239, 1962; Id. *Mother and Child* – A Primer of First Relationship. Nova York, Basic Books, 1957; Id. *Human Nature*. Londres: Free Association Books, 1988.

de, gesto que protege e traz serenidade e paz. O cuidado é sempre cuidado essencial.

Sem cuidado, nada que é vivo sobrevive. O cuidado é a força maior que se opõe à lei da entropia, o desgaste natural de todas as coisas, pois tudo o que cuidamos dura muito mais.

Essa atitude precisamos resgatar hoje, como ética mínima e universal, se quisermos preservar a herança que recebemos do universo e da cultura e garantir nosso futuro comum.

5 O cuidado e as crises culturais

A história nos tem revelado que, sempre que eclodem situações críticas, portanto, de crise, aí emerge também o cuidado na consciência. Aduzamos apenas alguns dados ilustrativos que vêm comprovar o acerto da Carta da Terra em escolher o cuidado como categoria axial na constituição de um modo de vida sustentável.

Florence Nightingale (1820-1910) é o arquétipo da moderna enfermeira. Em 1854, com 38 colegas, parte de Londres para um hospital militar na Turquia, onde se travava a guerra da Crimeia. Imbuída da ideia do cuidado, em dois meses, consegue reduzir a mortalidade de 42% para 2%.

A Primeira Grande Guerra destruíra as certezas e produzira profundo desamparo metafísico. Foi quando Martin Heidegger (1889-1976) escreveu seu genial *Ser e tempo* (1927), cujos parágrafos centrais (§ 39-44) são dedicados ao cuidado como ontologia do ser humano[12]. Aí reafirma que, "do ponto de vista existencial, o cuidado é o *a priori*, é antes de toda atitude e situação do ser humano, o que sempre significa dizer que o cuidado se acha em toda atitude e situação de fato" (§ 42). O cuidado deve ser entendido na linha da essência humana (responde à pergunta que é o ser humano?). O ser humano, porque humano, é um ser essencialmente de cuidado. Formalizando a compreensão essencial, diz Heidegger: "O cuidado significa um fenômeno ontológico-existencial básico" (§ 42).

Em 1972, o Clube de Roma lançou o alarme ecológico sobre o estado doentio da Terra. Identificou a causa principal, o nosso padrão de desenvolvimento consumista, predatório e perdulário. Como solução postulou-se o desenvolvimento sustentado.

O Programa das Nações Unidas para o Meio Ambiente (Pnuma), o Fundo Mundial para a Natureza (WWF) e a União Internacional para a Conservação da Natureza (Uicn), elaboraram uma estratégia minuciosa para o futuro do planeta sob o signo *Cuidando do planeta Terra*. Aí se diz: "A ética do cuidado se aplica tanto em nível internacional como em níveis nacional e individual; nenhuma nação é autossuficiente; todos lucrarão com a sustentabilidade mundial e todos estarão ameaçados se não conseguirmos atingi-la"[13].

---

12. HEIDEGGER. Op. cit.
13. UICN, PNUMA, WWF. *Cuidando do planeta Terra*: uma estratégia para o futuro da vida. São Paulo: Câmara Brasileira do Livro, 1991.

Era março de 2001, recolhendo essa tradição, termina a redação da Carta da Terra, já assumida nessa mesma data pela Unesco, texto da nova consciência ecológica e ética da humanidade, em que a categoria *cuidado* goza de centralidade.

Seres de cuidado foram Francisco de Assis, Gandhi, Arnold Leopold, Madre Teresa de Calcutá, dona Zilda Arns, Dom Hélder Câmara e Chico Mendes, entre tantos e tantos, a começar por nossas mães, irmãs e avós. São arquétipos que inspiram o caminho da cura e do salvamento da vida e da Terra.

Queremos agora comentar o número 2 do princípio primeiro (respeitar e cuidar da comunidade da vida), que reza: "cuidar da comunidade da vida com compreensão, compaixão e amor". Analisemos cada parte.

6 "Cuidar da comunidade da vida com compreensão"

Cuidar é envolver-se com o outro ou com a comunidade da vida, mostrando zelo e até preocupação. Mas é sempre uma atitude de benevolência que quer estar junto, acompanhar e proteger. A compreensão quer conhecer afetivamente a comunidade da vida. Quer conhecer com o coração e não apenas com a cabeça. Portanto, nada de conhecer para dominar (saber é poder dos modernos como Francis Bacon), mas conhecer para entrar em comunhão com a realidade[14]. Para isso precisamos daquilo que

---

14. Cf. MOLTMANN, J. "Die Entdeckung der Anderen. Zur Theorie des kommunikativen Erkennes". *Evangelische Theologie*, n. 5, 1990. p. 400-414.

Pascal chama de *esprit de finesse* em distinção do *esprit de géometrie*. O espírito de gentileza e de finura capta o outro como outro, procura entender-lhe a lógica interna e acolhe-o assim como é. Essa compreensão supõe amor e boa vontade e superação da malícia e da suspeita. Com razão dizia Santo Agostinho, na esteira de Platão, que nós conhecemos na medida em que amamos.

Cuidar com compreensão a comunidade da vida significa então utilizar a ciência e a técnica sempre em consonância *com* essa comunidade e nunca *contra* ela ou sacrificando sua integridade e beleza. Cuidar, aqui, convida a ecologizar tudo o que fazemos com a comunidade da vida, vale dizer, rejeitar interações prejudiciais aos ecossistemas ou que causam sofrimentos aos representantes da comunidade da vida, como pede a Carta da Terra no número 15: "tratar todos os seres vivos com respeito e consideração"; implica manter a consorciação dos seres, evitar as monoculturas e o pensamento único, para que predomine a lógica da inclusão e a perspectiva holística[15].

7 "Cuidar da comunidade da vida com compaixão"

Para entendermos corretamente a compaixão, precisamos antes fazer uma terapia da linguagem, pois essa palavra possui, na compreensão comum,

---

15. McDANIEL, J.B. *With Roots and Wings*. Nova York: Orbis Books, 1995.

conotações pejorativas que lhe roubam o conteúdo altamente positivo. De acordo com a compreensão comum, *ter compaixão* significa "ter pena" do outro, sentimento que o rebaixa à condição de desamparado, sem potencialidades próprias e energia interior para se erguer. Então nos compadecemos dele e nos condoemos de sua situação.

Poderíamos também entender a compaixão no sentido do paleocristianismo (o cristianismo originário antes de se constituir em igrejas), como sinônimo de misericórdia, sentido altamente positivo[16]. *Ter miseri-cór-dia* equivale a "ter um coração (*cor*) *capaz* de sentir os *míseros* e sair de si para socorrê-los". Atitude que a própria filologia da palavra compaixão sugere: compartir a paixão do outro e *com* o outro, sofrer *com* ele, alegrar-se *com* ele, andar o caminho *com* ele. Mas essa acepção historicamente não conseguiu impor-se. Predominou aquela moralista e menor de quem olha de cima para baixo e descarrega uma esmola na mão do sofredor. Mostrar misericórdia equivaleria a fazer "caridade" ao outro, caridade assim criticada pelo poeta cantante argentino Atauhalpa Yupanqui: "Eu desprezo a caridade pela vergonha que encerra. Sou como o leão da serra que vive e morre em soledade".

Diferente, entretanto, é a concepção budista de compaixão. Talvez seja a compaixão uma das maio-

---

16. FOX, M. *A Spirituality Named Compassion*. San Francisco: Harper & Row, 1990. • SOBRINO, J. *Principio misericordia*. Santander: Sal Terrae, 1998.

res contribuições éticas que o Oriente oferece à humanidade. Compaixão tem a ver com questão básica que deu origem ao budismo como caminho ético e espiritual. A questão é: Qual é o melhor meio para libertar-nos do sofrimento? A resposta de Buda é: "Pela com-paixão, pela infinita com-paixão".

Dalai Lama atualiza essa ancestral resposta assim: "Ajude os outros sempre que puder e, se não puder, jamais os prejudique"[17]. Essa compreensão coincide com o amor e com o perdão incondicionais propostos por Jesus.

A "grande com-paixão" (*karuna*, em sânscrito) implica duas atitudes: *desapego* de todos os seres da comunidade da vida e *cuidado* para com todos eles. Pelo desapego distanciamo-nos deles, renunciando à sua posse e aprendendo a respeitá-los em sua alteridade e diferença. Pelo cuidado aproximamo-nos dos seres para entrar em comunhão com eles, responsabilizar-nos pelo bem-estar deles e socorrê-los no sofrimento.

Eis um comportamento solidário que nada tem a ver com a pena e com a mera "caridade" assistencialista. Para o budista, o nível de desapego revela o grau de liberdade e maturidade que a pessoa alcançou. E o nível de cuidado mostra quanto de benevolência e responsabilidade a pessoa desenvolveu para com toda a comunidade da vida e para com todas as coisas do universo. A compaixão engloba as duas dimensões. Exige, pois, liberdade, altruísmo e amor.

---

17. DALAI LAMA. *The Good Heart.* [s.l.]: Medio Media, 1996, p. 264.

O *ethos* que se compadece não conhece limites. O ideal budista é o *bodhisattva*, aquela pessoa que leva tão longe o ideal da compaixão que se dispõe a renunciar ao nirvana e mesmo aceita passar por um número infinito de vidas só para poder ajudar os outros em seu sofrimento. Esse altruísmo se expressou na oração do *bodhisattva*: "Enquanto durar o tempo, persistir o espaço e houver pessoas que sofrem, quero eu também durar até libertá-las do sofrimento"[18]. A cultura tibetana expressa esse ideal através da figura de Buda dos mil braços e dos mil olhos. Com eles pode, com-passivo, atender a um número ilimitado de pessoas.

O *ethos* que se compadece, na percepção budista, nos ensina como deve ser nossa relação para com a comunidade de vida: respeitá-la em sua alteridade, conviver com ela como membro e cuidar dela e especialmente regenerar aqueles seres que sofrem ou estão sob ameaça de extinção. Só então nos beneficiar com seus dons, na justa medida, em função daquilo que precisamos para viver com suficiência e decência.

8 "Cuidar da comunidade da vida com amor"

O amor é a força maior existente no universo, nos seres vivos e nos humanos. Porque o amor é uma força de atração, de união e de transfiguração. Já o mito grego antigo o formulava da seguinte for-

---

18. Ibid. *Ethics for the New Millenium.* [s.l.]: [s.e.], 1999, p. 219.

ma: "Eros, o deus do amor, ergueu-se para criar a Terra. Antes, tudo era silêncio, nu e imóvel. Agora tudo é vida, alegria, movimento". O amor é a expressão mais alta do cuidado, porque tudo o que amamos também cuidamos. E tudo o que cuidamos é um sinal de que também amamos.

Humberto Maturana, um dos expoentes maiores da biologia contemporânea, mostrou em seus estudos sobre a *autopoiesis*, vale dizer, sobre a auto-organização da matéria da qual resulta a vida, como o amor surge de dentro do processo cósmico[19]. Na natureza, afirma Maturana, verificam-se dois tipos de acoplamentos dos seres com o meio e entre si: um *necessário*, ligado à própria subsistência dos seres, e outro *espontâneo*, vinculado a relações gratuitas, por puro prazer, no fluir do próprio viver. Quando este ocorre, mesmo em estágios primitivos da evolução há bilhões de anos, aí surge o amor como fenômeno cósmico e biológico. Na medida em que o universo se expande e se complexifica, esse acoplamento espontâneo e amoroso tende a incrementar-se. No nível humano, ganha força e torna-se o móvel principal das ações humanas. Foi essa relação de amorização e de cuidado que permitiu nossos ancestrais hominídas e antropoides darem o salto rumo à humanidade. Ao saírem para recoletar ali-

---

[19]. Cf. as obras: MATURANA, H. *A ontologia da realidade*. Belo Horizonte: Editora da UFMG, 1997; *A árvore do conhecimento*: as bases biológicas do entendimento humano. Campinas: Psy II, 1995. • MATURANA, H. & VARELA, F. *De máquinas e seres vivos*; autopoiese – A organização do ser vivo. Porto Alegre: Artes Médicas, 1997.

mentos e para caçar, não consumiam o resultado individualmente. Traziam-no ao grupo e aí compartilhavam fraternalmente entre todos junto com seus afetos. A própria linguagem, característica do ser humano, surgiu no interior desse dinamismo de amor e de cuidado recíproco.

O amor se orienta sempre pelo outro. Significa sempre uma aventura abraâmica, a de deixar a sua própria realidade e ir ao encontro do diferente e estabelecer uma relação de aliança, de amizade e de amor com ele. Esse é o lugar do nascimento da ética[20].

Quando o outro irrompe à minha frente, nasce a ética. Porque o outro me obriga a tomar uma atitude prática, de acolhida, de indiferença, de rechaço, de destruição. O outro significa uma pro-posta que pede uma res-posta com res-ponsa-bilidade.

O limite mais oneroso do paradigma ocidental tem a ver com o outro, pois não lhe reserva um lugar especial[21]. Na verdade, não sabe o que fazer com ele: ou o incorporou, ou o submeteu, ou o destruiu. Isso se aplica também à comunidade de vida. Ele viveu um rígido antropocentrismo que não deixava espaço para a alteridade da natureza. A relação não era de comunhão e inclusão, mas de exploração e submetimento. Negando o outro, perdeu a chance da aliança, do diálogo e do mútuo aprendizado. Vigo-

---

20. BOFF, L. *Ética e moral*: fundamentos. Petrópolis: Vozes, 2003.
21. Cf. o clássico ROUGEMONT, D. de. *L'amour et l'Occident*. Paris: Librairie Plon, 1972.

rou o paradigma da identidade sem a diferença, na esteira do pré-socrático Parmênides.

O outro faz surgir o *ethos* que ama. Paradigma desse *ethos* é o cristianismo das origens, o paleocristianismo. Este se diferencia do cristianismo histórico e de suas igrejas, porque em ética foi mais influenciado pelos mestres gregos do que pela mensagem e prática de Jesus. O paleocristianismo, ao contrário, dá absoluta centralidade ao amor ao outro, para Jesus, idêntico ao amor a Deus. O amor é tão central que quem tem o amor tem tudo. Ele testemunha essa sagrada convicção de que "Deus é amor" (1Jo 4,8), "o amor vem de Deus" (1Jo 4,7) e "o amor não morrerá jamais" (1Cor 13,8). E esse amor é incondicional e universal, pois inclui também o inimigo (cf. Lc 6,35). O *ethos* que ama se expressa na lei áurea, testemunhada por todas as tradições da humanidade: "Ama o próximo como a ti mesmo" (Mt 22,39); "Não faças ao outro o que não queres que te façam a ti".

O amor é assim central porque para o cristianismo o outro é central. Deus mesmo se fez outro, pela encarnação. Sem passar pelo outro, sem o outro mais outro que é o faminto, o pobre, o peregrino e o nu, não se pode encontrar Deus nem alcançar a plenitude da vida (cf. Mt 25,31-46). Essa saída de si em direção ao outro para amá-lo nele mesmo, amá-lo sem retorno, de forma incondicional, funda um *ethos* o mais inclusivo possível, o mais humanizador que se possa imaginar. Esse amor é um movimento só, vai ao outro, à comunidade da vida e a Deus.

Ninguém no Ocidente melhor do que São Francisco de Assis se transformou num arquétipo dessa ética amorosa e cordial. Ele unia as duas ecologias: a interior, integrando suas emoções e desejos, e a exterior, irmanando-se com todos os seres. Comenta Eloi Leclerc, um dos melhores pensadores franciscanos de nosso tempo, sobrevivente dos campos de extermínio nazista de Buchenwald:

> Em vez de enrijecer-se e fechar-se num soberbo isolamento, deixou-se despojar de tudo, fez-se pequenino, colocou-se, com grande humildade, no meio das criaturas. Próximo e irmão das mais humildes dentre elas. Confraternizou-se com a própria Terra, como seu húmus original, com suas raízes obscuras. E eis que a "nossa irmã e Mãe Terra" abriu diante de seus olhos maravilhados um caminho de fraternidade e sororidade sem limites, sem fronteiras. Uma fraternidade que abrangia toda a criação. O humilde Francisco tornou-se o irmão do sol, das estrelas, do vento, das nuvens, da água, do fogo e de tudo o que vive[22].

Esse é o resultado de um amor essencial que abraça toda a comunidade da vida com carinho, enternecimento e amor.

O *ethos* que ama funda um novo sentido de viver. Amar o outro, seja o ser humano, seja cada representante da comunidade de vida, é dar-lhe razão

---

22. LECLERC, E. *Le soleil se lève sur Assise*. Paris: Desclée de Brouwer, 1999, p. 124.

de existir. Não há razão para existir. O existir é pura gratuidade. Amar o outro é querer que ele exista porque o amor faz o outro importante. "Amar uma pessoa é dizer-lhe: 'Tu não morrerás jamais'" (G. Marcel); "tu deves existir, tu não podes morrer".

Quando alguém ou alguma coisa se fazem importantes para o outro, nasce um valor que mobiliza todas as energias vitais. É por isso que, quando alguém ama, rejuvenesce e tem a sensação de começar a vida de novo. O amor é a fonte dos valores.

Somente esse *ethos* que ama está à altura dos desafios que nos vêm da comunidade da vida, devastada e ameaçada em seu futuro. Esse amor respeita a alteridade, abre-se a ela e busca uma comunhão que enriquece a todos. Faz dos distantes próximos e dos próximos, irmãos e irmãs.

9 Conclusão: o cuidado e o futuro da vida

Se a vida pôde surgir num contexto de cuidado, é pelo cuidado permanente, ao largo de todo o tempo em que existir sobre a face da Terra, que a vida se mantém, se reproduz e coevolui. Hoje entendemos que a revolução do cuidado se faz imperativa. Como pertence à essência do humano, o cuidado pode servir de consenso mínimo sobre o qual se pode fundar uma ética planetária, ética compreensível por todos e praticável por todos[23].

---

23. BOFF, L. *Ethos mundial*: um consenso mínimo entre os humanos. Rio de Janeiro: Sextante, 2003.

O poeta e cantor negro brasileiro Milton Nascimento cantava numa de suas canções: "Há que se cuidar do broto para que a vida nos dê flor e fruto". Isso se aplica à Terra e a todos os ecossistemas: há que se "cuidar com compreensão, compaixão e amor" da Terra, entendida como Gaia, Magna Mater e a Pachamama de nossos indígenas, para que ela possa assegurar sua vitalidade, integridade e beleza. Terra e humanidade, formamos uma única entidade, como o viram e estremeceram de emoção os astronautas, de suas naves espaciais, lá fora no espaço exterior. De lá não há diferença entre Terra e humanidade. Ambos formam uma única entidade, com uma mesma origem e com um mesmo destino. Só o cuidado garantirá a sustentabilidade do sistema-Terra com todos os seres da comunidade da vida entre os quais se encontra o ser humano, um elo entre outros, dessa imensa corrente de vida. Sua função é a do jardineiro, como se relata no segundo capítulo do Gênesis. Trabalho do jardineiro é cuidar do jardim do Eden, fazê-lo fecundo e belo. A Carta da Terra nos despertou, oportunamente, para essa nossa missão, essencial e urgente.

4
Nova cosmologia e Teologia da Libertação

A Teologia da Libertação nasceu ouvindo o grito massivo dos pobres entendidos como injustamente oprimidos. Seu mérito foi ter dado centralidade ao empobrecido, fazendo-o sujeito de sua própria libertação e lugar epistemológico, vale dizer, lugar a partir de onde se entende melhor o Deus da revelação como o Deus vivo que escuta o grito das vítimas, decifra-se sem dubiedade a missão de Jesus, promotor de vida em abundância e, por isso, libertador de todas as opressões, define-se mais adequadamente a missão da Igreja como sacramento de libertação e se impõe a urgência de mudar o tipo de sociedade vigente.

Em primeiro lugar vem a sensibilização face à antirrealidade dos pobres, à compaixão, à iracúndia sagrada, ao encontro silencioso e místico com o Cristo sofredor que continua sua paixão nesses irmãos e irmãs menores. Em seguida vem a prática de libertação, que, deixando para trás o mero assistencialismo, faz dos próprios oprimidos sujeitos principais de sua libertação. Sobre essa prática, organiza-se a reflexão crítica, em primeiro lugar de ordem analítica, identificando as causas histórico-sociais, geradoras de empobrecimento e, em seguida, de natureza religiosa, bíblica e teológica, chamada então de Teologia da Libertação. Por fim, surge a celebração, onde se celebra Deus agindo nos processos de libertação e se fortalecem as motivações para continuar resistindo e lutando.

Os empobrecidos têm muitos rostos. No fim da década de 1960, enfatizou-se o pobre econômico-político; na década de 1970, o pobre cultural, como os índios, negros e minorias discriminadas; na década de 1980, deu-se ênfase à questão de gênero, especialmente a subjugação secular da mulher; na década de 1990, começou-se a ouvir o grito da Terra, também empobrecida porque injustamente agredida e, de forma sistemática, explorada. Para cada opressão concreta, procurou-se desenvolver uma correspondente estratégia e pedagogia de libertação. Nunca a Teologia da Libertação foi vítima de um conceito pauperista dos pobres. Sempre procurou aprofundar a complexa realidade da pobreza injustamente infligida.

Todo esse empenho conferiu, em todos os níveis, dignidade ao cristianismo, especialmente pelas perseguições, sequestros, torturas e martírios sofridos por muitos de seus representantes, perseguições movidas por irmãos e irmãs de fé, desde o Papa Wojtyla até os agentes de segurança dos Estados ditatoriais do Brasil, do Uruguai, da Argentina, do Chile e da América Central. Ele se resumiu naquilo que é a marca registrada da Teologia da Libertação: a opção pelos pobres, contra sua pobreza e em favor de sua vida e libertação. Eis o mínimo do mínimo da Teologia da Libertação.

Como se viu, a Teologia da Libertação nunca foi um sistema fechado como é o sistema curial romano e sua teologia oficial subjacente. Como se trata de *libert-ação*, a ação que liberta a partir da fé, sempre mostrou capacidade de aprender dos desafios do tempo e dar-lhes uma resposta corajosa e contemporânea. Não esperou que a história passasse para, sobre ela, comodamente, fazer reflexões. Procurou ajudar na moldagem dessa história com a contribuição da fé, assumindo os riscos e equívocos nisso implicados.

A Teologia da Libertação sempre esteve às voltas com a mudança de paradigma, diferente daquele no qual a teologia comum vem elaborada, paradigma eclesiástico, ou da modernidade, do discurso acadêmico, das elites sociais e eclesiais. Entrar no mundo dos pobres implica confrontar-se com uma outra racionalidade, com a lógica simbólica e sacramental dos pobres, com o seu universo vital, mais sofrido que pensado e sistematizado. Tal dialogação representou um aprendizado enorme dos teólogos que foram literalmente evangelizados pela densidade espiritual e humana dos condenados da Terra.

O mesmo confronto ocorreu quando dialogou com as culturas não ocidentais como a das diferentes nações indígenas e com as culturas afro-latino-americanas. Houve um aprendizado significativo e um questionamento fundamental da matriz oficial, sempre vinculada ao discurso das classes

hegemônicas, praticamente, desde o século III, quando se deu a primeira sintetização entre pensamento grego e fé evangélica. Essas culturas permitem a elaboração de um rosto novo do cristianismo, ainda pouco ensaiado na história.

Não foi menor a mudança paradigmática produzida pela questão de gênero, particularmente tratada pelas mulheres. Elas ajudaram a reconhecer a opressão que nós homens temos imposto às mulheres, desde o neolítico, formularam propostas de como chegar a relações equilibradas entre homem-mulher e de como ver a realidade especialmente religiosa a partir da ótica feminina.

Essas mudanças paradigmáticas estão ainda em curso. Nem todos conseguiram assimilar esses novos paradigmas, superando o patriarcalismo, o machismo e o etnocentrismo. Mas todos têm a chance de se deixar evangelizar e de enriquecer sua própria humanidade e produção teológica e espiritual.

Agora a Teologia da Libertação se confronta com mais uma mudança paradigmática: Como situar a reflexão teológica no contexto da nova imagem do mundo, que está surgindo das ciências da terra, da cosmologia contemporânea e da evolução ampliada? Que lugar ocupa o pobre dentro dessa reflexão? As dificuldades não são poucas. Uma convicção, entretanto, ganha força em nós: assim como a Teologia da Libertação cresceu, enriquecendo sua leitura dos pobres e ampliando seu espectro libertador, assim também agora incorporará esse novo paradigma para enriquecimento da experiência espiritual e para alargamento da dignidade dos pobres e de sua libertação.

Neste ensaio procuraremos colocar a questão de forma a facilitar a travessia de um paradigma ao outro.

1 A nova centralidade: o futuro da Terra e da humanidade

Antes de mais nada, importa entrar num novo estado de consciência. Chegamos a um ponto de nossa história em que percebemos a possibilidade da autodestruição. A capacidade de intervenção na natureza nas últimas décadas foi tão profunda que desequilibrou todos os ecossistemas e o próprio sistema Terra. As forças produtivas se transformaram, perigosamente, em forças destrutivas. Todos somos reféns de um modelo de convivência, de um modo de produção e de relações com a natureza que implicam violência sistemática sobre pessoas, classes sociais, países, ecossistemas e sobre a própria Terra. O eixo articulador do projeto de civilização hoje mundializado (cujas origens derradeiras se encontram no surgimento do *homo habilis* há 2,5 milhões de anos e na intervenção organizada na natureza a partir do neolítico) é a vontade de poder – poder entendido como capacidade de dominação e de imposição por parte do ser humano sobre todos os diferentes dele. O objetivo dessa intervenção é a busca de comodidade e do crescimento ilimitado de bens e serviços sem qualquer outra consideração. Tal projeto se mostra nos dias de hoje absolutamente insustentável, pois, se for estendido a todos os povos, liquidará com as reservas de recursos limitados e não renováveis da Terra (energia, água potável, matérias-primas, capa de ozônio). Esse crescimento é também impraticável porque implica destruir a natureza, porquanto se orienta pelo lucro e não pela preservação e pelo respeito dos direitos das gerações futuras (solidariedade generacional). O preço desse projeto é alto: a exclusão social da maioria da humanidade e também a destruição do projeto humano planetário.

Todos sofremos sob esse paradigma que, a ser levado avante nas circunstâncias atuais, pode destruir-nos a todos. Por isso somos todos oprimidos e empobrecidos, pois não temos o futuro da humanidade e da Terra garantido. As forças diretivas da natureza não garantem mais a sobrevivência; o ser humano deve politicamente decidir viver e garantir futuro para si e para sua Casa Comum.

Terra e humanidade, somos como uma nave espacial em pleno voo. Essa nave tem recursos limitados de combustível, de alimentos e de tempo de transcurso. 1% dos passageiros viaja na primeira classe com superabundância de meios de vida. 4% na classe econômica com recursos abundantes. Os restantes 95% estão junto às bagagens, no frio e na necessidade. Pouco importa a situação social e econômica dos passageiros. Todos correm ameaça de vida pelo esgotamento dos recursos da nave. Todos terão o mesmo destino dramático – ricos, remediados e pobres – caso não houver um acordo de sobrevivência para todos indistintamente. Desta vez não há uma Arca de Noé que salve alguns e deixe perecer os demais.

Esse não é um cenário de fantasia alarmista, mas a projeção dos institutos mais sérios que, de forma cotidiana e sistemática, fazem o acompanhamento do estado da Terra.

Essa situação é nova na história política da humanidade. O contrato social do passado, subjacente às sociedades atuais, não incluía a Terra; esta era dada como assegurada, campo de exercício da livre atividade dos cidadãos. Hoje essa pressuposição se evaporou. Temos que garantir a Terra e as condições de reprodução da humanidade. Sem essa garantia nada mais faz sentido. Por isso, no atual pacto social planetário, a Terra, os ecossistemas, as condições físico-químicas de sustentação do todo ecológico, devem entrar impreterivelmente. A Terra e todos os seres possuem, pois, subjetividade, vale dizer, devem ser respeitados e incluídos (biocracia, cosmocracia), pois sem eles o projeto social humano se torna impossível.

Tal constatação funda uma nova radicalidade histórico-social: em que medida cada ser humano, cada saber, cada força social, cultural e religiosa, no nosso caso, cada corrente teológica, ajuda a garantir um futuro de vida para a Terra e para a humanidade. A questão não é mais: Que futuro terão os pobres, ou o projeto da tecnociência, ou o cristianismo, ou a Teologia da Libertação, ou o papado? Todos terão futuro na medida em que a Terra e a humanidade terão futuro. Esse deve ser construído solidariamente, caso contrário, podemos conhecer o destino dos dinossauros.

Retomando: a centralidade não está mais no pobre – socioeconômico, político, cultural, étnico, feminino –, como na formulação clássica da Teologia da Libertação das décadas de 1970 e 1980, mas no grande pobre que é a Terra assim como está sendo percebido a partir da década de 1990. Na opção original pelos pobres deve entrar, primeiramente, o grande pobre que é a Terra e a humanidade, base que, garantida, possibilita então colocar a questão do futuro dos pobres e dos condenados da Terra.

Precisamos todos ser libertados – homens, mulheres, pobres, negros, indígenas, ricos e Terra – de um paradigma civilizacional, hoje mundializado, que nos pode coletivamente destruir (liberação de). Ou mudamos ou morremos.

O que virá depois, se sobrevivermos? Qual a alternativa a ser construída (libertação para)? Aqui comparece a nova cosmologia e o lugar que o pobre ocupa nela. Por cosmologia entendemos a imagem do mundo que nós fazemos, baseada em inúmeros dados, principalmente vindos das ciências da Terra e da vida; outros são de natureza ético-espiritual; por fim aqueles da percepção comum, produzida pelo espírito de nosso tempo. Das intuições e perspectivas dessa nova cosmologia, derivam-se cenários que fundam uma nova esperança e um horizonte de futuro para a Terra e para a humanidade. A teologia, como parte da reflexão humana geral, deve mover-se dentro desse horizonte comum, oferecer sua colaboração e pronunciar sua palavra de sentido.

2 Marcos da nova cosmologia: o teatro cósmico

Sem entrarmos em detalhes, essa é a imagem básica do universo que hoje projetamos. Todos viemos de um grande caos inicial, incomensurável instabilidade e desordem. Esse caos, entretanto, não é caótico. É generativo. Dele provêm todas as coisas, porque nele estão contidas todas as virtualidades e possibilidades de futuras realizações. Depois da explosão começa a expansão que se faz, ordenando à desordem originária, através de ordens cada vez mais complexas. É o momento cósmico.

Em seguida, no interior das grandes estrelas vermelhas formaram-se, em bilhões de anos de trabalho, todos os elementos físico-químicos pesados que entram na composição de todos os corpos do universo, também dos nossos. É o momento químico.

Com a explosão dessas estrelas forma-se o atual universo. A matéria e os campos energéticos se complexificam mais e mais e daí surge, como imperativo cósmico, a vida como auto-organização da matéria (que nunca é material, mas sempre interativa porque representa energia condensada). É o momento biológico.

Da história da vida emerge a vida humana como expressão de uma complexidade avançada da evolução. É o momento antropológico, caracterizado pela consciência reflexa, pela liberdade e autocriação.

Os humanos, por sua vez, levam mais longe ainda a complexidade, expandindo-se por toda a Terra, ocupando todos os espaços, adaptando-se e modificando todos os ecossistemas, no solo, no subsolo, no ar e fora da Terra, criando as mais diversas configurações culturais e hoje convergindo, aceleradamente, rumo a uma única grande sociedade mundial (geossociedade). É o momento da globalização que temos o privilégio de compartilhar.

Esse imenso processo revela uma rede de implicações inter-retro-conectadas que importa enfatizar.

• Há um todo dinâmico e orgânico constituindo um sistema aberto. Nada acabou de nascer, mas encontra-se ainda em gênese. A evolução não se processa linearmente, mas por rupturas e saltos a ordens mais complexas e mais altas.

• O todo é uno e dinâmico, mas contém uma diversidade inimaginável de seres e de energias.

• Os seres, as energias e as ordens são interdependentes. Tudo tem a ver com tudo em todos os pontos, circunstâncias e tempos.

• A interdependência revela a cooperação de todos com todos. Esta é a lei mais fundamental do universo: a sinergia, a solidariedade e a cooperação. Todos e tudo conspira para que cada ser e cada ordem continue a existir e a coevoluir. A seleção natural pela competição e vitória do mais forte (Darwin) deve ser entendida dentro e não acima dessa universal conspiração cooperativa de todos com todos.

• Tal interdependência e cooperação faz com que todos se complementem uns aos outros. Nada é supérfluo ou vem excluído. Todos concorrem para a grandeza e para a beleza do todo orgânico e dinâmico. A evolução é sempre coevolução, nunca somente de um ser ou de uma espécie ou de um ecossistema, mas da totalidade que evolui.

• Essa mutualidade e reciprocidade de todos com todos garante a sustentabilidade dos sistemas e de seus representantes. Quer dizer: quanto maior for a rede de inter-retro-conexões, mais garantida é a sobrevivência no presente e também no futuro.

• O equilíbrio que preside a todo o processo é dinâmico, sempre aberto a novos patamares de realização. Isso se deve ao caráter permanentemente caótico do processo, isto é, sujeito a permanentes flutuações e distanciamentos do equilíbrio que, por sua vez, provocam a busca de um outro ponto de equilíbrio, esse também dinâmico e aberto e assim indefinidamente. A vida surgiu de uma situação longe do equilíbrio, e a biodiversidade remete a equilíbrios diferentes, todos eles dinâmicos e interconectados.

• A evolução jamais é só adaptação de todos com todos dentro dos ecossistemas, mas é também troca de informações e aprendizado.

• A matéria e todas as coisas são portadoras não apenas de massa e de energia, mas também de informação porque estão permanentemente em interação, em processos de troca, assimilação,

rejeição, composição e aprendizagem. Todos vêm marcados por esse processo ininterrupto, fazendo com que todos os seres tenham história, irreversibilidade, interioridade e subjetividade. O universo, portanto, não é a soma de todos os objetos existentes, mas a rede de relações de todos os sujeitos entre si. Por espírito entende-se a capacidade de panrelacionalidade de tudo com tudo. Como esse processo comparece desde o primeiríssimo momento, o espírito tem a mesma ancestralidade do universo. Todos, à sua maneira, são portadores de espírito. O princípio da relacionalidade é sempre o mesmo (a unidade do espírito); variam, no entanto, as formas de sua concretização e de sua manifestação (variedades de portadores entre os quais o ser humano, de forma reflexa e consciente, mas não exclusiva).

- O todo revela propósito e sentido. Se o universo quisesse atingir o ponto que hoje atingiu, deveria ter feito exatamente tudo o que fez. Um pequeníssimo desvio na calibragem das energias primordiais teria ocasionado ou a implosão dos sistemas constituídos, ou a dispersão da matéria sem criar ordens densas, ou gerado outro tipo de universo. O propósito do universo não é apenas perpetuar o que existe, mas ocasionar a realização das potencialidades existentes no próprio universo. O real é então *real-ização*, algo feito e sempre por fazer. A ordem explícita remete a uma Ordem Implícita, e o todo postula um conjunto superior inteligente, o que permite a muitos cosmólogos sustentarem a visão de que o universo é autoconsciente.

• Por fim, essa projeção nos obriga pensar a realidade não como uma máquina, mas como um organismo vivo; não como blocos estanques, mas como sistemas abertos e em redes de relação. A tendência de cada ser a se autoafirmar é complementada pela tendência a se integrar num todo maior. Importa, pois, passar das partes para o todo, dos objetos para os sujeitos, das estruturas para os processos, das posições para as relações. Tudo no universo é, pois, con-criativo, co-participativo, ligado e re-ligado a tudo e a todos.

3 O lugar do ser humano no conjunto dos seres

Qual é o lugar do ser humano no conjunto dos seres? Antes de mais nada, ele é parte e parcela do universo em evolução e um elo da cadeia da vida. Quando 99,98% da Terra já estavam constituídos, ele irrompeu. A Terra não dependeu dele para elaborar a sua intrincada complexidade e rica biodiversidade. Ele é fruto desse processo e não causa dele. O antropocentrismo convencional que afirma que as coisas todas da Terra e do universo só têm sentido quando ordenadas ao ser humano, está fora de lugar. Seria desconhecer a relativa autonomia de cada coisa (por isso deve ser respeitada) e os laços de conectividade de todos com todos, fazendo que todos se ordenem a todos.

Entretanto, ele possui uma singularidade: ele pode intervir intencionalmente na natureza. Por um lado, ele se encontra dentro da natureza como parte dela; por outro, ele está de frente à natureza, como quem pode intervir nela. Ele copilota, então, o processo da evolução dentro do qual ele coevolui. Ele se torna, pois, um ser corresponsável. É a sua dimensão ética. O princípio axial dessa ética da corresponsabilidade pode ser assim formulado: "Aja de tal maneira que os efeitos de sua ação sejam benéficos para os seres e para as relações de todos com todos". Ou pode ser formulado também negativamente: "Aja de tal maneira que os efeitos de sua ação não sejam destrutivos dos seres e das relações de todos com todos". Portanto, o ser humano pode intervir no sentido da própria natureza, potenciando virtualidades presentes, como pode intervir freando, frustrando e destruindo virtualidades. Ele pode ser o anjo bom, o guardião e o jardineiro como pode ser o satã e o destruidor da Terra.

Por que essa ambiguidade fundamental? Eis um desafio para toda razão analítica. Na verdade, um mistério, talvez somente esclarecível a partir de uma razão transcendente e, no termo, teológica. De todas as formas, podemos dizer que o mal é originário e comparece como condição da evolução entendida como um sistema aberto. O caos e a desordem são ocasião de surgimento de novas ordens. A seta do tempo aponta sempre para a frente e para cima, acena para ordens cada vez mais complexas e superiores, tendendo a transformar o caos em cosmos, a desordem em ordem, o dia-bólico em sim-bólico e a entropia em sintropia. Portanto, a superação progressiva do mal.

É no nível humano que pode emergir a tragédia da opressão e da exclusão. O ser humano pode ativar suas potencialidades destrutivas ou pode perder o sentido da justa medida provocando vítimas. Por exemplo, há duas tendências básicas em todos os seres vivos: a tendência à autoafirmação e a tendência à relação com outros, integrando-se num todo maior. Um ser ou um sistema pode potenciar de tal forma a autoafirmação que ameaça, submete ou elimina os que lhe possam significar alguma limitação. Deixa de relacionar-se e integrar-se com os demais, de quem, na verdade, depende para subsistir. O capitalismo, por exemplo, com sua vontade de acumulação privada, significa, nessa visão, uma exacerbação da vontade de autoafirmação. É o império do eu que não se abre ao nós. Ele possui seus atrativos porque realiza uma dimensão verdadeira do humano, apenas de forma mutilada, sem o seu correlato, a vontade de relação e de solidariedade para com os outros. Outro sistema pode inflacionar a vontade de relação e integração que não deixa espaço para a legítima autoafirmação. É o reino do nós fechado ao eu. É o vício de um tipo de socialismo estatal que firmação anula as individualidades. A justa medida da autoafirmação do relacionamento representa a sanidade e o equilíbrio necessário que confere sustentabilidade ao processo evolucionário e humano. A ruptura desse equilíbrio introduz a vitimação dos seres e do sistema da vida.

4 O pobre e o excluído, vítimas da injustiça ecológica e social

O desequilíbrio ecológico e social afeta a todos os ecossistemas e os seres que os compõem. Assim o sistema do capital, hoje mundialmente integrado, significou, desde o seu surgimento, uma sistemática aplicação de violência: sobre as classes sociais, explorando a força de trabalho; sobre povos e países, colonizando-os e sugando suas riquezas; sobre o sistema-Terra, pilhando os recursos naturais. É sempre a mesma lógica em ação, acumulando opulência de um lado à custa da miséria do outro. A relação depredadora para com a natureza – injustiça ecológica –, afetando as águas, os solos, os ares, a base físico-química da vida, transforma-se numa generalizada degradação da qualidade social de vida – a injustiça social –, penalizando principalmente os mais fracos e os pobres. Estes se veem condenados a morar em locais de risco, a servir-se de águas contaminadas, a respirar ares infectados de poluição e a viver sob relações sociais altamente tensas devido à pobreza e à exploração.

Ao analisarmos os mecanismos do empobrecimento não podemos deter-nos apenas na identificação das causalidades econômicas, políticas e culturais. Importa incluir a análise das relações que uma sociedade determinada entretém com a natureza dentro da qual se encontra o ser humano. No nosso caso da relação dominante de cariz capitalista, é vítima de uma dupla injustiça: da injustiça ecológica e da injustiça social, ambas entrelaçadas pela mesma lógica da exploração e da devastação da comunidade da vida.

Hoje não apenas os pobres gritam. Gritam também a terra, as águas, os ares submetidos a formas de utilização depredadora e destrutiva, enfim, grita o inteiro planeta Terra sob uma sistemática máquina de devastação e de morte. A opção pelos pobres – marca registrada da Teologia da Libertação – deve ser integral: todos os pobres com todos os seus distintos rostos, e o grande pobre que é a Terra como Gaia, Pachamama e Grande Mãe.

A todos importa libertar. Nesse processo de libertação global e integral, impõem-se prioridades.

Primeiramente, urge libertar a Terra mediante uma verdadeira revolução no paradigma de relacionamento para com ela. Não pode ser mais o paradigma da modernidade, assentado sobre a violência (há que se escravizar a Terra e submetê-la a torturas como o inquisidor fazia ao inquirido, no dizer de Bacon e de Descartes), mas o paradigma holístico, baseado na reverência, no respeito e no cuidado por sua biodiversidade, integridade e beleza. O desenvolvimento não se fará contra a natureza ou à custa da natureza, mas com a natureza e no sentido das indicações hauridas da natureza.

Em segundo lugar, importa garantir a continuidade da espécie *homo sapiens* e *demens*, preservar as condições de sua reprodução e ulterior desenvolvimento, já que ele é um ser interativo e con-criador.

Em terceiro lugar, é urgente enfrentar o empobrecimento injusto das grandes maiorias da humanidade, que se encontram debaixo do limite da pobreza, vale dizer, dos excluídos, empobrecidos e marginalizados mediante a implantação de um tipo de sociabilidade que garanta o suficiente e o decente para todos. Aqui se abre o espaço de resgate das tradições da solidariedade, nomeadamente, do socialismo entendido como a realização plena da democracia levada a todos os campos: ao econômico, ao político, ao social, ao cultural, ao familiar e ao cotidiano das relações de gênero.

Em quarto lugar, faz-se mister salvar espécies em extinção – animais, vegetais e micro-organismos –, pois seu desaparecimento empobrece a biodiversidade, afeta a integridade da natureza e reduz recursos talvez necessários para a cura da vida ou para a sustentabilidade das sociedades humanas e de seu ulterior desenvolvimento.

Em quinto lugar, cabe garantir a qualidade de vida de toda a comunidade da vida (seres humanos e outros organismos vivos que constituem a comunidade biótica), no sentido de garantir o patrimônio natural e cultural comum para as gerações presentes e para as gerações futuras.

5 Conclusão: nova urgência da Teologia da Libertação

Das reflexões levadas a efeito até aqui, deriva-se claramente que a questão do pobre não é eliminada

em nome da generalidade do problema da Terra e da humanidade, mas vem ressituada no seu interior a partir de onde se vê a imbricação com todas as demais questões. Para encontrar uma alternativa ao sistema imperante criador de empobrecimento dos seres humanos e da Terra, por isso, homicida, biocida, ecocida e eventualmente geocida, devemos inspirar-nos na visão da cosmologia contemporânea. Ela é holística, confere centralidade à cooperação e à solidariedade, como a lei básica de todas as coisas e do inteiro universo, reforça os relacionamentos inclusivos por causa da interdependência de todos com todos, respeita a relativa autonomia de todos e de cada um dos seres face aos quais cabe reverência e acolhida, incorpora a espiritualidade porque todos os seres e o universo são portadores de informação, subjetividade e propósito. Desta vez não há protelações: ou mudamos na direção que a natureza nos aponta e assim nos salvamos, ou vamos ao encontro do pior, a dizimações como jamais vistas na história da humanidade.

O fato brutal da pobreza como empobrecimento, seja da Terra como um todo, seja dos principais ecossistemas, seja das grandes maiorias da humanidade, representa o ponto detonador de uma nova reflexão paradigmática e o provocador de práticas salvacionistas.

Faço minhas as palavras inspiradas da Carta da Terra, aquele documento que se destina a gerar um novo estado de consciência na humanidade face aos riscos e às chances da crise mundial: "Que o nosso tempo seja lembrado pelo despertar de uma nova reverência face à vida, por um compromisso firme de alcançar a sustentabilidade, pela pronta luta pela justiça, pela paz e pela alegre celebração da vida".

Algumas indicações bibliográficas mínimas para um aprofundamento na questão da nova cosmologia:

BERRY, T. *O sonho da Terra*. Petrópolis: Vozes, 1991.

BOFF, L. *Ecologia: grito da Terra, grito dos pobres*. São Paulo: Ática, 1995.

CAPRA, F. *O ponto de mutação*. São Paulo: Cultrix, 1989.

DAVIES, P. *Deus e a nova física*. Lisboa: Edições 70, 1998.

DUVE, C. *Poeira vital*: a vida como imperativo cósmico. São Paulo: Campus, 1997.

FREI BETTO. *A obra do artista*: uma visão holística do universo. São Paulo: Ática, 1995.

HAWKING, S. *Uma breve história do tempo*. Rio de Janeiro: Nova Fronteira, 1992.

LAZLO, E. *Conexão cósmica*: guia pessoal para a emergente visão da ciência. Petrópolis: Vozes, 1999.

LEWIN, R. *Complexidade*: a vida no limite do caos. Rio de Janeiro: Rocco, 1994.

LOVELOCK, J. *Gaia*; um novo olhar sobre a vida na Terra. Lisboa: Edições 70, 1989.

MATURANA, J. & VARELA, F. *A árvore da vida*: a base biológica do entendimento humano. Campinas: Psy II, 1995.

MÜLLER, R. *O nascimento de uma civilização global*. São Paulo: Aquariana, 1993.

SAGAN, C. *Pálido ponto azul*. São Paulo: Companhia das Letras, 1996.

WEIL, P. *O ser quântico*: uma visão revolucionária da natureza humana e da consciência baseada na nova física. São Paulo: Best Seller, 1991.

5
Ecoespiritualidade: ser e sentir-se Terra

A Terra transformou-se atualmente no grande e obscuro objeto do amor humano. Damo-nos conta de que podemos ser destruídos. Não por algum meteoro rasante, nem por algum cataclismo natural de proporções fantásticas. Mas por causa da irresponsável atividade humana. Duas máquinas de morte foram construídas e podem destruir a biosfera: o perigo nuclear e a sistemática agressão ecológica ao sistema-Terra. Em razão desse duplo alarme, despertamos de um ancestral torpor. Somos responsáveis pela vida ou pela morte de nosso planeta vivo. Depende de nós o futuro comum, nosso e de nossa querida Casa Comum: a Terra. Como meio de salvação da Terra, é invocada a ecologia. Não no seu sentido palmar e técnico como gerenciamento dos recursos naturais, mas como uma visão do mundo alternativa, como um novo paradigma de relacionamento respeitoso e sinergético para com a Terra e para com tudo o que ela contém.

Mais e mais entendemos que a ecologia se transformou no contexto de todos os problemas, da educação, do processo industrial, da urbanização, do direito e da reflexão filosófica e religiosa. A partir da ecologia se está elaborando e impondo um novo estado de consciência na humanidade, que se caracteriza por mais benevolência, mais compaixão, mais sensibilidade, mais enternecimento, mais solidariedade, mais cooperação, mais responsabilidade entre os seres humanos em face da Terra e da necessidade de sua preservação.

Nessa perspectiva alimentamos uma atitude otimista. A Terra pode e deve ser salva. E será salva. Ela já passou por mais de quinze grandes devastações. E sempre sobreviveu e salvaguardou o princípio da vida. E irá superar também os atuais impasses. Entretanto, sob uma condição: que mudemos de rumo e que troquemos de ótica. Dessa nova ótica, surgirá uma nova ética de responsabilidade partilhada e de sinergia para com a Terra.

Tentemos fundamentar esse nosso otimismo.

1 Somos Terra que pensa, sente e ama

O ser humano, nas várias culturas e fases históricas, revelou esta intuição segura: pertencemos à Terra; somos filhos e filhas da Terra; somos Terra. Daí que homem vem de húmus. Viemos da Terra e voltaremos à Terra. A Terra não está à nossa frente como algo distinto de nós mesmos. Temos a Terra dentro de nós. Somos a própria Terra, que na sua evolução chegou ao estágio de sentimento, de compreensão, de vontade, de responsabilidade e de veneração. Numa palavra: somos a Terra no seu momento de autorrealização e de autoconsciência.

Inicialmente não há, pois, distância entre nós e a Terra. Formamos uma mesma realidade complexa, diversa e única.

Foi o que testemunharam os vários astronautas, os primeiros a contemplar a Terra de fora da Terra. Disseram-no enfaticamente: daqui da Lua ou a bordo de nossas naves espaciais não notamos diferença entre Terra e humanidade, entre negros e brancos, democratas ou socialistas, ricos e pobres. Humanidade e Terra, formamos uma única realidade esplêndida, reluzente, frágil e cheia de vigor. Essa percepção não é ilusória. É radicalmente verdadeira.

Dito em termos da moderna cosmologia: somos formados com as mesmas energias, com os mesmos elementos físico-químicos dentro da mesma rede de relações de tudo com tudo, que atuam há 15 bilhões de anos, desde que o universo, dentro de uma incomensurável instabilidade (*big-bang* = inflação e explosão), emergiu na forma que hoje conhecemos. Conhecendo um pouco essa história do universo e da Terra, estamos conhecendo a nós mesmos e a nossa ancestralidade.

Cinco grandes atos estruturam o teatro universal do qual nós somos coatores.

O primeiro é o *cósmico*: irrompeu o universo ainda em processo de expansão; e, na medida em que se expande, autocria-se e diversifica-se. Nós estávamos lá nas probabilidades contidas nesse processo.

O segundo é o *químico*: no seio das grandes estrelas vermelhas (os primeiros corpos que se densificaram se formaram há pelo menos dez bilhões de anos), formaram-se todos os elementos pesados que hoje constituem cada um dos seres, como o oxigênio, o carbono, o silício, o nitrogênio, etc. Com a explosão dessas grandes estrelas (viraram supernovas), tais elementos se espalharam por todo o espaço; constituíram as galáxias, as estrelas, a Terra, os planetas e os satélites da atual fase do universo. Aqueles elementos químicos circulam por todo o nosso corpo, sangue e cérebro.

O terceiro ato é o *biológico*: da matéria que se complexifica e se enrola sobre si mesma, num processo chamado de *autopoiese* (autocriação e auto-organização), irrompeu, há 3,8 bilhões de anos, a vida em todas as suas formas; atravessou profundas dizimações, mas sempre subsistiu e veio até nós em sua incomensurável diversidade.

O quarto é o *humano*, subcapítulo da história da vida. O princípio de complexidade e de autocriação encontra nos seres humanos imensas possibilidades de expansão. A vida humana floresceu cerca de 10 milhões de anos atrás. Surgiu na África. A partir daí, difundiu-se por todos os continentes até conquistar os confins mais remotos da Terra. O humano mostrou grande flexibilidade; adaptou-se a todos os ecossistemas, aos mais gélidos dos polos, aos mais tórridos dos trópicos, no solo, no subsolo, no ar e fora de nosso planeta, nas naves espaciais e na lua. Submeteu as demais espécies, menos a maioria dos vírus e das bactérias. É o triunfo perigoso da espécie *homo sapiens* e *demens*.

Por fim, o quinto ato, é o *planetário*: a humanidade que estava dispersa está voltando à Casa Comum, ao planeta Terra. Descobre-se como humanidade, com a mesma origem e com o mesmo destino de todos os demais seres e da Terra. Sente-se como a mente consciente da Terra, um sujeito coletivo, para além das culturas singulares e dos estados-nações. Através dos meios de comunicação globais, da interdependência de todos com todos, está inaugurando uma nova fase de sua evolução, a fase planetária. A partir de agora, a história será a história da espécie *homo*, da hominidade unificada e interconectada com tudo e com todos.

Só podemos entender o ser humano-Terra se o conectarmos com todo esse processo universal; nele os elementos materiais e as energias sutis conspiraram para que ele lentamente fosse sendo gestado e, finalmente, pudesse nascer...

2 Que é a dimensão-Terra em nós?

Mas que significa concretamente, além de nossa ancestralidade, a nossa dimensão-Terra? Significa, primeiramente, que somos parte e parcela da Terra. Viemos dela. Somos produto de sua atividade evolucionária. Temos no corpo, no sangue, no coração, na mente e no espírito elementos-Terra. Dessa constatação, resulta a consciência de profunda unidade e identificação com a Terra e com sua imensa diversidade. Não podemos cair na ilusão racionalista e objetivista de que nos situamos diante da Terra como diante de um objeto estranho. Num primeiro momento vigora uma relação sem distância, sem *vis-à-vis*, sem separação. Somos um com ela. Num segundo momento, podemos pensar a Terra e intervir nela. E então, sim, nos distanciamos dela para podermos vê-la melhor e atuar nela mais acertadamente. Esse distanciamento não rompe nosso cordão umbilical com ela. Portanto, esse segundo momento não invalida o primeiro. Ter esquecido nossa união com a Terra foi o equívoco do racionalismo em todas as suas formas de expressão. Ele gerou a ruptura com a Mãe. Deu origem ao antropocentrismo, na ilusão de que, pelo fato de pensarmos a Terra e podermos intervir em seus ciclos, podemos colocar-nos sobre ela para dominá-la e para dispor dela a seu bel-prazer.

Por sentirmo-nos filhos e filhas da Terra, por sermos a própria Terra pensante e amante, vivemo-la como Mãe. Ela é um princípio generativo. Representa o feminino que concebe, gesta, e dá à luz. Emerge assim o arquétipo da Terra como Grande Mãe, Pachamama e Nana. Da mesma forma que tudo gera e entrega à vida, ela também tudo acolhe e tudo recolhe em seu seio. Ao morrermos, voltamos à Mãe-Terra. Regressamos ao seu útero generoso e fecundo. O *Feng Shui*, a filosofia ecológica chinesa, apresenta um grandioso sentido da morte como união ao *Tao* que se manifesta nas energias da natureza. Durante a vida, podemos sintonizar-nos de tal forma com o

Tao e com os ritmos da natureza que, na verdade, escapamos da morte; mudamos de estado para voltar a viver no mistério profundo da natureza, de onde todos os seres vêm e para onde todos voltam. Conservar a natureza é condição de nossa imortalidade e condição também para que possam nascer novos seres humanos e fazer seu percurso no tempo.

Sentir que somos Terra faz-nos ter os pés no chão. Faz-nos perceber tudo da Terra, seu frio e calor, sua força que ameaça bem como sua beleza que encanta. Sentir a chuva na pele, a brisa que refresca, o tufão que avassala. Sentir a respiração que nos entra, os odores que nos embriagam ou nos enfastiam. Sentir a Terra é sentir seus nichos ecológicos, captar o espírito de cada lugar, inserir-se num determinado lugar. Ser Terra é sentir-se habitante de certa porção de terra. Habitando, fazemo-nos de certa maneira prisioneiros de um lugar, de uma geografia, de um tipo de clima, de regime de chuvas e ventos, de uma maneira de morar e de trabalhar e de fazer história. Ser Terra é ser concreto concretíssimo. Configura o nosso limite. Mas também significa nossa base firme, nosso ponto de contemplação do todo, nossa plataforma para poder alçar voo para além dessa paisagem e desse pedaço de Terra, rumo ao Todo infinito.

Por fim, sentir-se Terra é perceber-se dentro de uma complexa comunidade de outros filhos e filhas da Terra. A Terra não produz apenas a nós seres humanos. Produz a miríade de micro-organismos que compõem 90% de toda a rede da vida, os insetos que constituem a biomassa mais importante da biodiversidade. Produz as águas, a capa verde com a infinita diversidade de plantas, flores e frutos. Produz a diversidade incontável de seres vivos, animais, pássaros e peixes, nossos companheiros dentro da unidade sagrada da vida porque em todos estão presentes os vinte aminoácidos que entram na composição da vida. Para todos produz as condições de subsistência, de evolução e de alimentação, no solo, no subsolo e no ar. Sentir-se Terra é mergulhar na comunidade terrenal, no mundo dos irmãos e das irmãs, todos filhos e filhas da grande e generosa Mãe-Terra, nosso lar comum.

Essa experiência de que somos Terra constituiu a experiência matriz da humanidade no paleolítico. Ela produziu uma espiritualidade e uma política.

Primeiro uma espiritualidade: por todas as partes, a começar pela África, especialmente a partir do Saara há alguns milhares de anos, de 7.000 a 6.000 anos antes de nossa era, quando era ainda uma terra verde, rica e fértil passando por toda a bacia do Mediterrâneo, pela Índia e pela China, predominavam as divindades femininas, a Grande Mãe Negra e a Mãe-Rainha. A espiritualidade era de uma profunda união cósmica e de uma conexão orgânica com todos os elementos como expressões do Todo.

Ao lado dessa espiritualidade surgiu, em segundo lugar, uma política: as instituições matriarcais. As mulheres formavam os eixos organizadores da sociedade e da cultura. Surgiram sociedades sacrais, perpassadas de reverência, de enternecimento e de

proteção à vida. Até hoje carregamos a memória dessa experiência da Terra-Mãe, na forma de arquétipos e de uma insaciável nostalgia por integração, inscrita nos nossos próprios genes. Os arquétipos continuam a irradiar em nossa vida porque rememoram um passado histórico real que quer ser resgatado e ganhar ainda vigência na vida atual.

O ser humano precisa refazer essa experiência espiritual de fusão orgânica com a Terra, a fim de recuperar suas raízes e experimentar sua própria identidade radical. Ele precisa ressuscitar também a memória política do feminino, para que a dimensão da *anima* entre na elaboração de políticas com mais equidade entre os sexos e com maior capacidade de integração. Surgirá naturalmente a experiência de Deus como Mãe infinita e cheia de misericórdia. Essa experiência, associada àquela do Pai de infinita bondade e justiça, nos abrirá a uma experiencia mais global e integradora de Deus.

Essa nova ótica poderá produzir uma nova ética, ética centrada no cuidado por tudo o que vive. No novo paradigma emergente, a Terra e os filhos e filhas da Terra fundarão a grande centralidade, talvez o grande sonho do século XXI. Então poderemos contar com a paz ansiada por todos, fruto da reconciliação do ser humano com suas raízes telúricas, com a fonte generadora de todo o ser – o Deus-Mãe –, morando todos juntos na Casa Comum, a Terra.

Enfim, queremos deixar uma questão em aberto: Será que toda a luta pela terra que o Movimento dos Sem-Terra, os Zapatistas e outros movimentos

pelo mundo afora levam avante não vive dessa mística inconsciente, de que se trata não apenas de uma luta por um meio de produção (que nunca deixa de ser), mas, acima de tudo, por uma compreensão diferente do ser humano como um ser da Terra, pela Terra, com a Terra? Não há a percepção mais ou menos clara de que, sem a Terra, o ser humano é menos, não alcança ser plenamente humano e inteiro? Possivelmente esse valor – pois é disso que se trata – constitui a seiva secreta que alimenta todas as iniciativas, quase sempre arriscadas, e que mantém viva a determinação, a despeito de todas as ameaças de morte, de ocupar a Terra para nela lançar raízes, morar, criar a sua morada (os gregos chamavam isso de *ethos* e os latinos de *habitat*), plantar e conviver com os outros seres da Terra?

A consciência coletiva incorpora mais e mais a ideia e o valor de que o planeta Terra é a nossa Casa Comum e a única que temos. Importa, por isso, cuidar dela, torná-la habitável para todos, conservá-la em sua generosidade e preservá-la em sua integridade e esplendor. Daí nasce um *ethos* mundial compartido por todos, capaz de unir os seres humanos para além de suas diferenças culturais, sentindo-se de fato como filhos e filhas da Terra que a amam e respeitam como a sua própria Mãe.

6
Direitos dos pobres como direitos de Deus

Se contemplarmos a história moderna da conscientização e da elaboração dos direitos humanos, constatamos, perplexamente, uma dolorosa ausência da Igreja. O desenvolvimento dos direitos humanos se fez fora da Igreja e, muitas vezes, contra ela, mas não fora das intuições com que o Evangelho impregnou nossa cultura. Testemunho disso são as condenações do século XX, sob Gregório XVI, na *Mirari Vos*, e especialmente sob Pio IX, com a *Quanta Cura* e o *Syllabus*.

Praticamente, os que hoje são considerados direitos fundamentais foram um dia rechaçados pela oficialidade da Igreja. Assim, a liberdade de consciência é chamada de errônea sentença e até um delírio (DS 2730); a liberdade de opinião e expressão é qualificada de erro pestilentíssimo (DS 2731).

Montalembert cunhou a expressão desse tipo de catolicismo fechado: "Quando sou o mais fraco, apelo à liberdade, porque esse é o vosso princípio; quando, porém, sou mais forte, nego-vos a mesma liberdade, porque tal é o meu princípio"[1].

Na própria discussão prévia e aprovação da Declaração Universal dos Direitos do Homem, da ONU, em 10 de dezembro de 1948 (Paris), a participação da Igreja foi mínima. Havia desconfiança. Participaram duas organizações católicas com pouco apoio oficial: a Organização Mundial das Mulheres Católicas e a Confederação Internacional dos Sindicatos Cristãos...[2] Por que essas reticências nos envergonham?

É porque a Igreja esteve ligada ao poder dominante, o altar ao trono. E toda a luta moderna foi feita contra a prepotência dos poderosos, do Estado, das classes privilegiadas. Se a presença da Igreja na definição dos direitos foi parca, deve-se, entretanto, a ela, um papel decisivo na defesa e promoção desses direitos proclamados por outros.

Na medida em que a Igreja foi entrando no mundo dos sem-poder, foi sentindo a violência e a agressão aos direitos humanos. Enquanto ficava longe do

---

1. Cf. LEPARGNEUR, H. "A Igreja e o reconhecimento dos direitos humanos I". *Revista Eclesiástica Brasileira* 37, 1977, p. 178; cf. tb. os estudos mais minuciosos como: La CHAPELLE, Ph. de. *La déclaration universelle des droits de l'homme et le catholicisme*. Paris, 1967; "A Igreja e os direitos do homem". *Concilium*, n. 114. 1979. • SCHOOYANS, M. *Droits de l'homme et technocratie*. Chambray, 1982, p. 14-19, 23-52. • HINDER, P. *Crundrechte in der Kirche*. Friburgo i.B.: [s.e.], 1977, p. 11-38.

2. LEPARGNEUR, H. A Igreja... II. Op. cit., p. 181, nota 51.

caminhar do povo, distante das lutas dos oprimidos em busca de sua libertação e dignidade, ela se mostrou insensível à paixão do povo e dos que sofrem historicamente o pisoteamento de seus direitos.

Hoje, podemos fazer a seguinte verificação: quanto mais a Igreja se faz popular, entra no continente dos pobres, mais se empenha pelos direitos humanos; o contrário se mostra também verdadeiro: quanto menos uma Igreja se empenha pelos direitos, quanto menos declarações um bispo faz em prol dos direitos violados, tanto mais distante e desencarnada do povo e da realidade social é sua atitude e sua pastoral.

A distância do povo é proporcional à proximidade desse bispo ou dessa Igreja às classes dominantes e ao Estado capitalista controlado por elas. Entretanto, mais e mais, a Igreja universal entende que pertence ao seu ministério a defesa e promoção dos direitos humanos. Na reflexão e prática eclesiais, chegou-se a concretizar o que significa a dignidade humana e por onde deve começar a defesa e promoção dos direitos.

Hoje, entendemos que os direitos humanos são principalmente os direitos das grandes maiorias. E estas são pobres. Então, lutar pelos direitos humanos é lutar pelos direitos dos pobres, pela dignidade dos oprimidos em primeiro lugar e, a partir deles, de todos os homens.

Essa é a única postura teórica e prática verdadeira. Caso contrário, cairemos no jogo dos poderosos que também falam de direitos humanos na medida em que querem apresentar uma face humanística às suas práticas de barbáries, de exploração e de violação. Colocar a temática dos direitos humanos em termos de dignidade dos oprimidos é encontrar-se com o dado bíblico e situar-se no melhor da tradição humanística que exatamente elaborou os direitos humanos.

1 Direitos humanos como direitos das maiorias pobres

Os antecedentes históricos das várias declarações dos direitos humanos, seja da Revolução Americana (1776), seja daquela Francesa (1789), seja das Nações Unidas (1948), encontram-se na luta contra a prepotência do poder. Assim, a Carta Magna (1215), considerada a primeira formulação dos direitos dos homens, significava a limitação do poder absoluto do rei. Entretanto, é ainda elitista, porque cria os direitos como privilégios da classe nobre feudal e da casta clerical. O resto da população (o Terceiro Estado) não tem direito algum. Só em 1689, no *Bill of Rights*, reconhece-se o direito a todos os cidadãos.

A consciência dos direitos humanos despertou com vigor na Europa quando dos debates sobre os direitos dos pobres, isto é, dos índios e dos negros, por ocasião da conquista da América Latina no século XVI. Famosas ficaram as disputas entre Ginés de Sepúlveda e Bartolomé de las Casas sobre o estatuto da natureza do índio (disputa de Valladolid de 1550).

Por exemplo, Gonzalo Fernandez de Oviedo (1478-1557) escrevia em sua *Historia generaly natural de las Índias*: "Estas gentes destas Índias, embora racionais e da mesma estirpe daquela santa Arca de Noé, tornaram-se irracionais e bestiais por suas idolatrias, sacrifícios e cerimônias infernais"[3].

Sepúlveda dizia na mesma linha: "O fato de possuírem cidades e um modo racional de viver e algum tipo de comércio é coisa que a própria necessidade natural sugere e serve apenas para provar que não são puros ursos nem macacos e não se acham totalmente destituídos de razão"[4].

Como se depreende, vige aqui uma discriminação das pessoas pelo fato de serem outros, diferentes, pobres.

A questão que Bartolomé de las Casas colocou é esta: Os índios têm ou não direitos iguais aos espanhóis e aos portugueses? A resposta dele, bem como a de Vieira e de outros defensores dos direitos humanos de então, era: eles têm direitos e direitos iguais porque são seres humanos. Logo, são nossos próximos. São, por isso, chamados a participar da comunidade do povo de Deus e pertencem à mesma família de Deus.

---

3. DUSSEL, E. "A cristandade moderna diante do outro". *Concilium*, n. 150, 1979, p. 58.

4. Ibid.

As possíveis desigualdades e diferenças de religião, de moral e mesmo o fato de os astecas oferecerem sacrifícios humanos não são motivo para serem subjugados e violados em seus direitos humanos. Por causa dessa igualdade, não é permitido tratá-los como animais ou procurar o bem deles por meios violentos, submetendo-os à escravidão.

Conhecemos as longas disposições de Francisco de Vitória em Salamanca e Hugo Grotius em defesa da existência da alma dos índios e de seu caráter inviolável, por causa da sacralidade da natureza humana. Entretanto, tudo isso ficou no plano da discussão teórica. Na prática, os potentados e encomendeiros seguiam a fome de conquista e a ganância pelo ouro e pelas terras, sem qualquer outra consideração. Não admira, pois, que entre 1532 e 1568 a população total do México tivesse caído de 16.874.409 para 2.649.673 habitantes. A causa não reside apenas nas enfermidades trazidas pelos brancos, mas principalmente na violência e desestruturação trazidas pelos conquistadores, bandidos[5].

O importante consiste nisto: uma vez colocada a questão no século XVI, ela jamais deixou de ocupar e preocupar a consciência humana até os dias de hoje. O grito dos oprimidos não deixa tranquilas as consciências dos Estados e das sociedades. Trata-se sempre da luta dos fracos contra a prepotência dos poderosos. Exemplo disso é a declaração dos direi-

---

5. Ibid. *El episcopado latinoamericano y la liberación de los pobres 1564-1620*. México, 1979, p. 19.

tos do homem e do cidadão no tempo da Revolução Francesa. Ela se fez contra a prepotência do Estado e em nome da emancipação do indivíduo. Os "direitos naturais inalienáveis e sagrados" são proclamados sobre fundamentos de igualdade e de universalidade do ser humano.

Não obstante essa universalidade de intenção, percebe-se facilmente o lugar social dos que proclamaram tais direitos: são aqueles que, depois, serão chamados de burgueses, sujeitos históricos do grande projeto liberal, sustentando o valor do indivíduo, da propriedade privada e da liberdade do cidadão. A liberdade, a propriedade privada, bem como a igualdade e a segurança não são fundadas sobre a relação do homem e sobre a responsabilidade social, mas em seu caráter de indivíduo e, portanto, separado e ilhado em si mesmo. Não admira, pois, que somente uma elite se beneficiava do *American bill of rights* de 1789: somente os americanos que não se misturavam com negros, católicos, judeus e ateus.

Aqui se verifica uma ruptura com a matriz cristã do século XVI, quando os direitos dos índios e dos negros eram definidos em termos de direitos de participação e de reconhecimento por parte da sociedade como membros *pleno iure*.

Por causa de sua raiz liberal e individualista, grande parte da luta pelos direitos humanos, até os dias de hoje, concentra-se em alguns eixos que interessam mais às classes burguesas, como são os direitos à liberdade de expressão, liberdade religiosa, liberdade de imprensa, liberdade de propriedade. Ine-

gavelmente, são valores apreciáveis; entretanto, há que reconhecer, são direitos exercidos preferentemente pelos poderosos e não por todos. As massas populares vivem grandemente reprimidas e somente pela força ganham novas garantias.

Os direitos humanos (especialmente aquele de propriedade) não são ilimitados a ponto de implicar opressão sobre os pobres e fracos. O indivíduo não pode ser considerado como separado do conjunto da sociedade; os direitos da pessoa não podem ser definidos contra os direitos da sociedade; os direitos individuais têm de estar em sintonia com os direitos sociais. É aqui que ganham relevância os direitos da grande maioria que, na América Latina, reivindica os direitos sociais.

O discurso pelos direitos humanos, em grande parte, foi capturado hoje em dia por aqueles agentes que mais os violam: os sistemas discricionários de poder. Por isso, na América Latina, não sem influência das Igrejas, está-se impondo uma linguagem alternativa capaz de evitar a instrumentação ideológica da temática dos direitos humanos. Mais e mais se divulga a expressão *direitos das maiorias*, que são pobres.

O bem comum é, principalmente, o bem das maiorias; a opção pelas grandes maiorias violadas e oprimidas. A democracia deve ser pensada e realizada a partir dos marginalizados. A partir dos pobres, faz-se clara e urgente uma priorização entre os direitos humanos; prioridade primeira detém o direito à vida e aos meios da vida, como a integridade física, a saúde,

a casa, o trabalho, a segurança social, a educação. Os demais direitos, que continuam sendo direitos fundamentais, deverão ser definidos a partir dos direitos básicos. Aí se evidencia na realidade que os direitos humanos significam, efetivamente, uma limitação dos privilégios dos poderosos em favor dos direitos dos mais débeis, para que todos possam criar e usufruir uma convivência justa e fraterna.

No término da III Assembleia Geral do Sínodo dos Bispos, dedicada à evangelização, os padres sinodais publicaram uma declaração sobre os direitos humanos e a reconciliação[6]. Aí se fazia, oficialmente, uma priorização entre os direitos, por serem os mais básicos e os mais ameaçados de todos: direito à vida, direito ao alimento; direitos socioeconômicos em nível internacional, pois aí ocorre uma violação da justiça entre os povos; direitos políticos e culturais, em que deve haver uma participação de todos na determinação do destino coletivo. Acrescentava-se, por fim, o direito à liberdade religiosa, pela qual se expressa de modo particular a dignidade da pessoa humana, capaz de uma relação livre com o Transcendente.

2. Compromisso das Igrejas com os direitos humanos, especialmente dos pobres

Vejamos, rapidamente, como os pobres estão reivindicando e praticando seus direitos básicos. Em

---

6. *Revista Eclesiástica Brasileira*, 1974, p. 934-936.

primeiro lugar, constata-se um enorme crescimento do nível de consciência coletiva a respeito da dignidade que os pobres vão descobrindo e das negações que sofrem. Isso se manifesta particularmente em todo tipo de organizações populares, nos bairros, nas comunidades onde se luta pelos direitos de uma forma humilde e eficaz. Nessa linha devem ser vistos os vários movimentos de cunho popular contra a carestia e contra a alta do custo de vida, o sindicalismo desvinculado do controle do Ministério do Trabalho, o qual representa as políticas oficiais dos grupos hegemônicos.

Foi, entretanto, no seio das Igrejas que tomou corpo uma sistemática educação para os direitos básicos da vida e uma defesa valente da dignidade do povo. Desde a década de 1960, imperaram, na América Latina, regimes de segurança nacional, segundo os quais todas as reivindicações que vão contra os interesses dominantes do Estado são tachadas de subversivas e tratadas mediante a suspeição, a repressão, a tortura, a eliminação física. Mesmo em regime de distensão, essa temática dos direitos humanos é sempre tida como suspeita pelos órgãos de segurança e é um assunto incômodo para o *establishment*.

Foi em situações assim que as Igrejas assumiram uma autêntica *função tribunícia* em favor dos direitos violados do povo. Para conferir mais eficácia ao seu trabalho de denúncia e promoção, criaram-se organismos como, no Chile, a Vicaría de Solidaridad e, no Brasil, a Comissão Pastoral da Terra (CPT), o Conselho Indigenista Missionário (Cimi) e,

em todas as partes, as Comissões de Direitos Humanos, de Justiça e Paz, Secretariados de Justiça e Não Violência e outros tipos de agrupamentos em prol dos sem-poder e de sua dignidade.

Observe-se que tais organizações não visam defender interesses corporativos da Igreja, senão que querem ser um serviço prestado pela Igreja aos necessitados de seu povo – pouco importa sua definição confessional ou ideológica –, sejam os indígenas ameaçados de exterminação, os camponeses expulsos de suas terras, as pessoas desaparecidas ou a denúncia da deterioração das condições de vida e do trabalho sofrida pela população. Foi nesse contexto que, em quase todos os países latino-americanos, os vários episcopados ou grupos organizados lançaram documentos de grande ressonância, como: "Eu ouvi os clamores de meu povo" (1973), dos bispos do Nordeste; ou: "O grito das Igrejas: a marginalização de um povo" (1973), dos bispos do Centro-Oeste; ou: "Não oprimas teu irmão" (1974), dos bispos paulistas.

Houve um preço a pagar por tal empenho: difamações, perseguições, sequestros, assassinatos de leigos, de religiosos, de sacerdotes e até de bispos. Em tudo isso se notou, por parte dos cristãos, forte espírito das bem-aventuranças.

Nas bases da Igreja, particularmente na vasta rede de Comunidades Eclesiais de Base (CEBs), está em vigor uma prática consequente dos direitos humanos e uma verdadeira pastoral dos direitos dos pobres. Há também vigorosa apropriação dos direitos dos balizados, participação comunitária da

Palavra, criatividade litúrgica, coordenação de comunidades, participação na definição da pastoral diocesana e paroquial, com o conselho presbiteral.

3 Fundamentação teológica dos direitos das maiorias pobres

Não queremos insistir na argumentação clássica, de todos conhecida e ainda presente no prólogo da Declaração Americana dos Direitos Humanos: a referência à igualdade humana baseada no mesmo e único gesto criador de Deus. Não queremos também enfatizar o polo antropológico e o polo cristológico de corte religioso. O antropológico: cada ser humano é transcendente por seu espírito e capaz de um diálogo com o Absoluto; sua liberdade torna-o apto a conferir sentido à sua própria vida, ou a frustrá-la, a forjar para si uma destinação eterna. O religioso: cada um é imagem e semelhança de Deus, irmão de Jesus, cuja humanidade pertence a Deus; assim, cada um foi, de certa maneira, tocado pela divindade. Tais determinações circunscrevem a inviolabilidade da pessoa humana, pondo limites a todos os poderes e condenando qualquer tipo de dominação de uma pessoa sobre outra.

Queremos deter-nos na fundamentação do direito dos pobres, como é pensado em nossas Igrejas. Ademais, esse é o grande tema bíblico. A Bíblia não conhece a formulação "direitos humanos", mas conhece o direito do órfão, da viúva, do pobre, do imigrante e do forasteiro que está de passagem. Como

se depreende, conhece, especialmente nos profetas, na literatura sapiencial e no Novo Testamento, o direito dos oprimidos.

A afirmação básica e impressionante é esta: o direito dos pobres é o direito de Deus. "Oprimir o fraco é ultrajar seu Criador, honrá-lo é ter piedade do indigente" (Pr 14,31; cf. 17,5). Todos têm alguém que os defenda: a mulher, o seu marido; o homem, o seu clã; os filhos, os seus pais; somente os pobres não têm alguém que cuide deles. Por isso, Deus mesmo assumiu a sua causa: ele "faz justiça ao órfão e à viúva, e ama o estrangeiro, dando-lhe pão e roupa" (Dt 10,18; cf. Jr 22,16; Pr 22,22-23). O Salmo 146(145) é explícito: "Ele mantém para sempre a verdade: fazendo justiça aos oprimidos, dando pão aos famintos, Iahweh liberta os prisioneiros, Iahweh abre os olhos dos cegos, Iahweh endireita os curvados, Iahweh protege o estrangeiro, sustenta o órfão e a viúva" (v. 6-9). O estrangeiro deve ter os mesmos direitos que um israelita e uma mesma sentença (cf. Lv 19,33; Ex 12,48).

Deus não é apenas o supremo garante da ordem justa, como estamos habituados a crer, mas é principalmente o que protege o direito dos sem-poder, dos injustamente perseguidos e dos pobres. Deus, portanto, não toma o partido dos poderosos, que dispõem do direito e o praticam em benefício próprio, mas toma partido dos que são violados em sua dignidade e justiça. Pertence à primeira tarefa do Messias, o Salvador do mundo, realizar esse direito divino em favor dos pobres. O Salmo 72(71), referindo-se ao Messias, diz: "Pois ele liberta o indigente que clama e o pobre que não tem protetor; tem compaixão do fraco e do indigente e salva a vida dos indigentes" (v. 12-13). Efetivamente, Jesus, na sinagoga de Nazaré, ao apresentar seu programa messiânico, reporta-se a essa tradição conservada em Is 61,1-3 (cf. também Is 11,1-10; Lc 4,17-30). As bem-aventuranças confirmam essa consciência de Jesus ser o Libertador dos pobres, dos que choram, dos que sofrem fome, injustiças e perseguição (cf. Lc 6,20-23; 5, 31-32).

Portanto, Deus é o garante dos direitos básicos dos pobres (cf. Ex 22,21-23). Esse direito, porque é o direito à vida, é sagrado e inalienável, anterior a qualquer outro direito. É um direito infraestrutural; sobre ele se construirão todos os demais.

O fundamento desse direito dos pobres foi elaborado por Israel com base em sua experiência de explorado e estrangeiro no Egito. Foi meditando sobre sua situação de pobres e oprimidos que elaboraram sua memória coletiva, expressa como um refrão em tantos textos do Antigo Testamento: "Amareis o estrangeiro, porque fostes estrangeiros na terra do Egito" (Dt 10,19). "Não procedereis como se faz na terra do Egito, onde habitastes" (Lv 18,3). Porque o povo foi libertado por Deus de suas opressões, deverá também estar atento às opressões que sofrem os fracos e sem proteção.

Jó expressa bem essa consciência de solidariedade: "Se deneguei seu direito ao escravo ou à escrava, quando pleiteavam comigo, que farei quando

Deus se levantar, que lhe responderei quando me interrogar? Quem me fez a mim no ventre não o fez também a ele? Quem nos formou a ambos não é um só?" (Jó 31,13-15).

Mas o verdadeiro fundamento reside na concepção de Deus. Para a Escritura, Deus é fundamentalmente um Deus vivo, um Deus de vida. Ele escuta, fala, vê, conhece, tem sensibilidade pelos clamores do seu povo, suplicando libertação. Ele ri dos ídolos que têm boca e não falam, têm olhos e não veem, têm mãos e não sentem... (cf. Sl 115,4-8). Israel deposita sua confiança no Deus que intervém, que não está longe dos homens, que constrói o seu reino e faz um pacto com os homens, um pacto para a vida contra tudo o que a ameaça. Porque Deus é Deus de vida, toma o partido do pobre e do oprimido, ameaçados em sua vida. O pobre não é tal simplesmente porque é preguiçoso. O pobre, para a Bíblia, especialmente para os profetas, é pobre porque foi empobrecido, foi reduzido a uma situação de penúria. Sente a vida histórica e não fatalmente ameaçada, independentemente da situação moral do pobre (se é religioso, se na graça de Deus, etc.). Deus toma o partido dele (cf. Puebla, 1142) porque toma o partido da vida. Deus entra sempre que a vida está ameaçada ou quando se nega a vida aos outros homens.

Portanto, "essa parcialidade de Deus em favor dos pobres não é pura arbitrariedade de sua vontade, senão que é essencial à mesma realidade de Deus. Então, afirmar a predileção de Deus pelos pobres é afirmar de forma concreta que Deus é Deus da vida [...]"⁷ A realidade de Deus como Deus da vida é gerar a vida. E Deus socorre e defende aqueles cuja vida está ameaçada ou que menos vida têm. Portanto, Deus é Deus particularmente dos pobres. O direito dos pobres, que é um direito ligado à vida, ao seu sustento e desenvolvimento, é direito de Deus.

Crer em Deus é crer na vida de todos, especialmente na vida dos pobres. Crer em Deus não permite compactuar com a morte dos pobres nem sublimar suas misérias em nome da cruz ou de uma vida futura. Onde se agride a vida, agride-se Deus. Onde o cristianismo não expande a vida, não anima a vida, onde as práticas dos cristãos e de seus hierarcas não criam espaço para a vida e para aquilo que mostra a presença da vida que é a alegria, a liberdade e a criatividade, então deve-se perguntar qual Deus se anuncia e se adora. Para a Escritura, a negação de Deus não é tanto o ateísmo, mas a idolatria, o falso Deus. E anunciam-se concorrentes de Deus como falsos deuses, fetiches e ídolos, especialmente a riqueza, o poder e a avareza (acumulação). É próprio desses deuses não falar, não escutar, não ter misericórdia, mas matar, assassinar, querer o sangue dos outros. Ezequiel fustiga assim os idolátricos: "Os seus chefes, no meio dela [da terra], são como lobos que despedaçam a presa, derramando sangue e destruindo vidas, a fim de obterem lucro. [...] O povo da terra exerce a extorsão e pratica o rou-

---

7. SOBRINO, J. Dios y los procesos revolucionários. In: *Apuntes para una teologia nicaraguense*. Parte III. Costa Rica: [s.e.], 1980.

bo; ele oprime o pobre e o indigente, sujeita o estrangeiro à extorsão, contra o seu direito" (22,27.29).

Como se depreende, o idólatra, adorador de ídolos, é inimigo da vida, quer a morte para os outros. Deus, ao contrário, quer a vida e o reino da liberdade. Para sabermos onde encontrar o Deus vivo e verdadeiro, devemos ver onde a vida é defendida e os pobres são respeitados e feitos participantes da vida.

Para a Escritura, há um critério infalível para saber se um Estado possui o agrado de Deus: na forma como trata os pobres. Se os marginaliza e os considera como zeros desprezíveis em seu planejamento, estejamos seguros: encontramo-nos diante de um Estado iníquo, organizado pelos mecanismos da morte, sem Deus.

A mais forte fundamentação do direito dos pobres como direito de Deus, nós a encontramos no Novo Testamento. Primeiramente, eles são feitos os primeiros destinatários do Reino de Deus (cf. Lc 4,18; 6,20). Somente entenderemos o Evangelho como Boa Notícia, se o entendermos a partir da perspectiva dos pobres, dos diminuídos e ameaçados em sua vida. O Reino de Deus se constrói contra o antirreino; o Reino começa a realizar-se na medida em que cegos veem, coxos andam e pobres são reabilitados em sua justiça. Então há, de fato, Boa-Nova, Evangelho (cf. Lc 7,21-22).

Por fim, na solidariedade com os últimos realiza-se o critério supremo da salvação ou da perdição. O Deus encarnado se identifica com os pobres: "Cada vez que o fizestes a um desses meus irmãos mais pequeninos, a mim o fizestes" (Mt 25,40). Portanto, o direito divino de Jesus se identifica com o direito dos pobres; a igualdade de todos os homens, a universalidade de sua dignidade e a unidade da sociedade permanecem irrisórias. Fazem-se necessárias profundas mutações históricas para que seja verdade tudo isso. E essas transformações devem ser feitas atendendo primeiramente as demandas dos pobres com referência à vida, à participação e à dignidade.

4 Evangelizar e servir a Deus é promover e defender os direitos dos homens, especialmente dos pobres

O Sínodo dos Bispos de 1974, juntamente com o Papa Paulo VI, expressaram claramente esse ministério da Igreja em favor dos direitos humanos, especialmente dos humildes: "A Igreja crê firmemente que a promoção dos direitos humanos é uma exigência do Evangelho e deve ocupar um lugar central no seu ministério"[8]. Fala-se até de ser "seu ministério promover no mundo os direitos humanos"[9].

Em Puebla, os bispos compreenderam que a luta em prol dos direitos humanos significa "um imperativo original desta hora de Deus em nosso Continente" (320). A dignidade humana é, para Puebla, "um valor evangélico" (1254). É "parte integrante"

---

8. *Revista Eclesiástica Brasileira*. Op. cit., p. 935.
9. Ibid.

de toda a evangelização (1254, 1283). A promoção e a defesa dos direitos humanos implicam, principalmente, a promoção e a defesa dos direitos dos pobres (expressão que ocorre cinco vezes em Puebla: 1217, 320, 324, 711, 1119), que, como vimos, concentram-se nos direitos básicos da existência humana com o mínimo de dignidade.

Tal prática realiza o imperativo do Antigo Testamento e do Novo Testamento sobre o sacrifício e o culto que agradam a Deus. Sabeis qual o sacrifício que me agrada? "Buscai o direito, corrigi o opressor! Fazei justiça ao órfão, defendei a causa da viúva!" (Is 1,17). O próprio Jesus se reporta a essa tradição (cf. Mc 7,6-8). O mais importante da lei, olvidado pelos fariseus e pelos piedosos, é "a justiça, a misericórdia e a fidelidade" (Mt 23,23). "É isso que importa fazer", arremata Jesus. Portanto, evangelizar, vale dizer, criar Boa-Nova, só acontece quando a realidade passa de ruim para boa, quando os direitos negados aos pobres lhes são devolvidos. Hoje só se realiza esse tipo de evangelização na medida em que se criam condições de solidariedade para os pobres, para, junto com eles, entrar numa prática que restabeleça o direito e a justiça. A esse processo estão inerentes conflitos e tensões, pois sempre o direito dos pobres é conquistado contra a prepotência e contra o privilégio que se defendem e criam inumeráveis percalços no caminho da libertação. Essa situação, no entanto, deverá ser assumida no espírito das bem-aventuranças como o preço a pagar pela libertação.

Importa fazer nossa a missão do servo de Isaías, pois ele, que se propõe "a levar o direito aos povos, [...] nem esmorecerá nem se deixará abater até estabelecer na terra o direito" (Is 42,1.4).

7
Eucaristia e injustiça social

A eucaristia constitui um dos núcleos da fé cristã, em que se densifica a história da salvação e Deus se faz maximamente presente1[1]. Aí se nutre a comunidade eclesial; comendo do corpo de Cristo, ela se torna corpo místico de Cristo. A eucaristia é comunhão com o Senhor, é sacrifício perene que se visibiliza na celebração, é sacramento de uma presença que continuamente se entrega aos seres humanos, é ação de graças pelo dom da salvação que o Pai nos deu em Cristo e no Espírito, é a festa da comunidade que expressa e cria sua unidade.

Todos esses aspectos estão presentes nesse mistério. A pedagogia da fé nos leva a considerá-los de

---

1. Para uma referência mínima atual, cf. BETZ, J. "Eucaristia: mistério central". *Mysterium Salutis* IV/5. Petrópolis: Vozes, 1977. • DURRWELL, F.-X. *L'Eucharistie, sacrement pascal*. Paris: [s.e.], 1981. • VV.AA. *L'Eucharistie: de Jésus aux chrétiens d'aujourd'hui*. Paris: [s.e.], 1981; uma boa orientação das atuais investigações oferece WINUNG, R. *La théologie contemporaine (1945-1980)*. Paris: [s.e.], 1983, p. 420-429.

forma integrada e a vivenciá-los em plenitude. Entretanto, há aspectos que por razões históricas são, numa determinada época, enfatizados mais do que os outros. Assim, para certo tipo de cristãos, a celebração eucarística significa fundamentalmente a realização de um culto e a adoração da presença misteriosa de Cristo sob as espécies de pão e vinho. Para outros, ela propicia uma comunhão íntima com o Senhor, fonte da salvação. Esses acentos não negam os demais aspectos do mistério, apenas deixam-nos implícitos devido ao estilo de vida cristã que levam.

Há outros cristãos que vivem um compromisso libertador junto do povo, na luta por sua dignidade, na defesa de suas terras e casas, sempre se inspirando na Palavra de Deus e em comunhão com a Igreja. Semelhante situação permite-lhes uma apropriação da eucaristia que salienta dimensões significativas para o engajamento libertador. Perguntas são colocadas assim: Pode-se ter de um lado culto eucarístico e de outro viver na injustiça? Que sentido tem celebrar a memória de Jesus numa comunidade onde oprimidos e opressores se encontram lado a lado? Numa situação conflitiva, é responsável celebrar a missa, recordar a entrega de Jesus, seu gesto de amor e deixar que tudo corra como antes? É justificável que em atos públicos, em grandes solenidades massivas, celebre-se a eucaristia? Vamos tentar refletir sobre essas questões com base no próprio contexto da última ceia de Jesus com seus apóstolos e na compreensão da Igreja primitiva.

1 A alegria da ceia num contexto de morte

A última ceia de Jesus se dá num contexto paradoxal de alegria pelo encontro íntimo com os amigos, de gravidade pela despedida, de profunda seriedade diante da morte iminente[2]. Essa ceia prolonga e leva à sua culminação as várias ceias que Jesus fez durante sua vida pública. A ceia traduz a comunhão de Deus com os homens em seu Reino (cf. Mt 22,1-4). Comendo com os pecadores, Jesus queria deixar claro que o Pai os convidava à reconciliação (cf. Mt 9,9-13; 11,19; Lc 19,1-10). Numa dessas ceias, disse à pecadora: "Teus pecados te são perdoados" (Lc 7,36-50). Essa prática convivial de Jesus expressa a prática fundamental que caracteriza sua vida. Com referência aos bens deste mundo, Jesus convida a uma prática da partilha com o pobre (cf. Mc 10,21); com referência às relações humanas, pede uma atitude de serviço (Lc 22,26: "Quem manda seja como quem serve"), de fraternidade (Mt 23,8: "Vós sois todos irmãos") e de igualdade (Jo 13,14: "Vós deveis lavar-vos os pés uns dos outros"); com respeito aos valores e ideais na sociedade, Jesus incentiva tudo o que vai na direção do amor, do perdão, da solidariedade para com os marginalizados, de uma abertura filial a Deus.

A prática messiânica de Jesus expressa em termos de libertação dos condenados deste mundo (po-

---

2. Para a parte exegética, cf. GERKEN, A. *Théologie der Eucharistie*. Munique: [s.e.], 1973, p. 17-60.

bres, doentes, discriminados social e religiosamente) como forma de presença do reino e de realização do projeto do Pai, sua liberdade face às leis rígidas em nome de uma humanização das relações entre as pessoas, sua consciência de Filho e de enviado do Pai reivindicando adesão irrestrita à sua mensagem e pessoa, suas exigências de conversão, provocaram, lentamente, um grande conflito[3]. No final de sua vida, Jesus se indispusera com todos os portadores de poder[4]. Desde o início de sua atividade, havia uma ameaça de morte (cf. Mc 3,6).

Decisiva para nós é a forma como Jesus enfrenta uma situação de conflito: não perde jamais seu tom profético corajoso; não deixa de confiar na capacidade de conversão dos homens; não revida na mesma moeda; não vai inocentemente à morte, pois protege-se, chegando a ir para fora da Palestina (Tiro) após a ameaça de Herodes (cf. Lc 13,31-33) ou escondendo-se à noite quando se encontra em Jerusalém (cf. Jo 18,2).

É nesse contexto de perseguição e morte que Jesus celebra a última ceia com os seus (há quatro redações diversas: cf. 1Cor 11,23-25; Mt 26,26-29; Mc 14,22-25; Lc 22,15-20). O significado imediato é o banquete do reino sobre o qual Jesus tanto pregara (Lc 22,15-18; Mc 14,25; Mt 26,29; Lc 14,15: "Feliz daquele

---

3. Para toda essa questão, cf. BOFF, L. *Paixão de Cristo* – Paixão do mundo. Petrópolis: Vozes, 1978, p. 25-29.
4. Cf. ECHEGARAY, H. *A prática de Jesus*. Petrópolis: Vozes, 1982, p. 133-144.

que participa no banquete do Reino de Deus"). O reino se antecipa e se concretiza cada vez que se realiza a ceia de Jesus. O ambiente é de alegria: "Desejei ardentemente comer esta páscoa convosco antes de sofrer" (Lc 22,15). Apesar do conflito e do desenlace iminente, há lugar para a celebração. O reino vem de toda maneira, pois a causa de Deus não se deixa vencer: vem ou pela conversão ou pelo martírio. A ceia de Jesus aponta para o martírio, para o corpo que é entregue, para o sangue que será derramado. Há aqui inegavelmente um aspecto sacrificial; não se faz um rito ou se celebra um símbolo; realiza-se uma ação concreta: Jesus efetivamente se entrega e morre verdadeiramente por amor aos pecadores. Esse gesto é definitivo, permanentemente válido e presente para Deus. Por isso a celebração eucarística da Igreja não renova para cada dia o sacrifício de Cristo; ele sempre está aí, mas de forma invisível. A celebração o torna visível e o sacramentaliza, vale dizer, confere-lhe a estrutura de um sacramento, de um sinal portador de presença e de graça.

Se Jesus pôde celebrar a sua própria entrega no meio de um ambiente mortal, foi porque a realidade do reino que aí se concretiza não vem jamais ameaçada ou definitivamente impedida. As perseguições, as maledicências e a própria morte permitem ao cristão seguir Jesus em sua entrega: fazer-se também sacrifício, entrar numa comunhão íntima com Deus e perdoar aos que fazem mal. Viver essa atitude que foi aquela de Jesus é fazer-se membro da comunidade messiânica do reino; é sentar-se no banquete celestial e ser nova criatura, já agora e não apenas na eternidade. Essa postura não nos liberta do medo como não libertou Jesus do pavor da morte no Horto das Oliveiras; ela permanece apesar do medo e no meio do pavor porque se trata de uma decisão da liberdade. Não é sem razão que Santo Ireneu considera a eucaristia como "a oblação dos homens livres"[5] e leva sempre consigo "a marca da liberdade"[6].

2 Onde não há busca de fraternidade a eucaristia é ofensa a Deus

Como é celebrada concretamente a eucaristia nos cristãos de hoje?[7] O acento efetivamente não é colocado no aspecto de entrega sacrificada, mas de culto e de adoração da presença do Senhor. A própria teologia ocupa-se, já há muito tempo, em aprofundar o modo da presença eucarística, o que ocorre com o pão e o vinho no momento da transubstanciação (transignificação?, transfinalização?)[8]. A partir da prática das comunidades inseridas no meio do povo oprimido, desloca-se a preocupação. Como ce-

---

5. ADV. HAER. IV, 18,2.

6. Ibid.

7. Cf. a obra, certamente mais completa, organizada por: PIOLANTI, A. *Eucaristia* – Il mistero dell'altare nel pensiero e nella vita della Chiesa. Roma/Paris/Tournai/Nova York: [s.e.], 1957.

8. Cf. uma boa orientação: POWERS, J. *Eucharistie in neuer Sicht.* Friburgo: [s.e.], 1968, esp. p. 120-197. • SEMMELROTH, O. *Eucharistische Wandlung Transsubstantiation* – Transfinalisation – Transsignifikation. Kevelaer, 1967.

lebrar dignamente, de acordo com a natureza do próprio gesto de Jesus, a eucaristia num mundo de injustiças e de violações dos direitos humanos?[9] É possível ater-se somente ao aspecto pessoal de adoração? Que ligação existe entre culto eucarístico e justiça e fraternidade? Essa questão nos coloca no coração do discurso profético, no cerne da preocupação de São Paulo quando fala da eucaristia, finalmente, no próprio ensino de Jesus conservado pelo evangelista São Mateus.

Os profetas fazem uma crítica contundente não ao culto em si, mas àquele culto que serve de álibi

---

9. Cf. algumas referências: CASTILLO, J.M. *Donde no hay justicia no hay eucaristia*. Id. La eucaristia, problema político. In: *La alternativa Cristiana*. Salamanca: [s.e.], 1979, p. 302-321, 322-346. • BARBERO, F. Verso la riscoperta e la riappropriazione dell'Eucaristia. In: *Massa e Meriba*: itinerari di fede nella storia delle comunità di base. Torino: [s.e.], 1980, p. 306-328. • MANARANCHE, A. "Communion eucharistique et vie politique". *Cahiers de l'actualité religieuse et sociale* 14, 1971, p. 247s. • GUTIÉRREZ, G. Eucaristia e frarernidade humana. In: *Teologia da Libertação*. Petrópolis: Vozes, 1976, p. 216-220. • JOSSUA, J.P. & MANSIR, J. *Divisions dés chrétiens et vérité de l'Eucharistie*. Paris: [s.e.], 1972, p. 35-74. • ROBERT, J. "Peut-on eucharistiquement servir le Seigneur et l'argent?" *La lettre*, 1968, p. 1-6. • RICH, A. "La fonction politique du culte". *Revue de Théologie et de Philosophie* 8, 1971, p. 65-79. • JACQUEMONT, P. "Du bom usage de l'eucharistie". *Informations Catholiques Internationales*, 1968, p. 6-7. • ELERT, W. *Abendamahl und Kirchengemeinschaft in der alten Kirche hauptsächlich des Ostens*. Berlim: [s.e.], 1954. • HAMMAN, A. *Vie liturgique et vie sociale*. Paris: [s.e.], 1968, com riquíssima bibliografia sobre a prática da Igreja Antiga. • CLERCQ, B. de. "Engajamento político e celebração litúrgica". *Concilium*, n. 4, 1973, p. 482-488; cf. todo o número de *Concilium*, n. 2, 1982: "Por que missa em todas as ocasiões?" • GALILEA, S. "Les messes de protestation". *Parole et Mission* 14, 1971, p. 334s. • CORNEHL, P. & BAHR, H.-E. *Gottesdienst und öffentlichkeit*. Hamburgo: [s.e.], 1970.

para ficarmos indiferentes ao grito do oprimido e às injustiças sociais[10]. Recordamos alguns textos, pois continuam válidos para os dias de hoje: "Odeio, desprezo vossas festas e não gosto de vossas reuniões; porque, se me ofereceis holocaustos, não me agradam vossas oferendas e não olho para o sacrifício de vossos animais cevados; afastai de mim o ruído de vossos cantos, não quero ouvir o som de vossas harpas" (Am 5,21-24). Ou ainda: "O Altíssimo não se compraz nas oferendas dos ímpios; não é pela abundância das vítimas que perdoa os pecados; imola o filho na presença do pai quem oferece sacrifício com os bens dos pobres [...]. É assassino do próximo quem lhe rouba os meios de subsistência e derrama sangue quem priva o assalariado de seu salário" (Eclo 34,23-27). Qual é o culto que agrada a Deus? O Profeta Isaías responde: "Soltar as algemas injustas, desatar as brochas da canga, libertar os oprimidos e despedaçar todo o jugo, repartir o pão com o faminto, acolher em casa os pobres sem teto, vestir o homem sem roupa e não se recusar a ajudar o próximo" (Is 58,6-7). O grande desejo é este: "Oxalá o direito corra como a água e a justiça como o rio caudaloso" (Am 5,24)[11]. Jesus se sente dentro da mesma tradição profética e grita aos fariseus: "Se compreendêsseis o que significa: 'Quero misericórdia e não

---

10. Cf. HENTSCHE, R. *Die Stellung der vorexilischen Schriftpropheten zum Kultus*. Berlim: [s.e.], 1957. • VAUX, R. de. *Les institutions de l'Ancien Testament* II. Paris: [s.e.], 1960, p. 344-355.

11. Cf. WOLFF, H.W. *Die Stunde des Amos* – Prophétie und Protest. Munique: [s.e.], 1969, p. 54-67.

sacrifícios'" (Mt 12,7; cf. Os 6,6; Mt 9,12). Jesus estabelece uma prioridade: é bom ser piedoso, jejuar e pagar os dízimos, mas muito mais importante é a justiça, a misericórdia e a fidelidade (cf. Mt 23,23). Rejeita os piedosos fariseus não por causa de suas piedades que são boas, mas porque, "a pretexto de longas orações, comem os bens das viúvas" (Mc 12,38-40; Lc 20,46-47); quer dizer, são exploradores sob a capa da devoção e da religião[12].

Que querem os profetas e Jesus? Invalidar todo culto? Absolutamente. Querem devolver a verdade ao culto. Ele deve ser expressão da vida reta e justa. Quando o culto serve de pretexto para encobrir os mecanismos de exploração, então ele se transforma numa idolatria e numa ofensa ao Deus que ama a justiça e abomina toda a iniquidade. Jamais podemos dissociar a prática cultual da prática ética. É pela prática ética, particularmente face aos necessitados, que seremos julgados pelo juiz supremo (cf. Mt 25,36-45). São João, por ocasião da ceia de Jesus, narra o lava-pés (cf. Jo 13), sublinhando o serviço e a radical fraternidade.

Essa visão nos permite dizer com toda ênfase: a celebração da eucaristia não pode ser feita no espírito de Jesus se junto com ela não estiver a fome e sede de justiça. Traímos a memória do Senhor se por ela ocultamos ou tornamos irrelevante a presen-

---

[12]. GONZALEZ RUIZ, J.M. "Da significação política de Jesus ao compromisso político da comunidade cristã". *Concilium*, n. 4, 1973, p. 416-424.

ça de relações injustas na comunidade dos fiéis que celebram e assistem à eucaristia.

Quem viu claramente essa incongruência foi Paulo. Ele constata que na comunidade de Corinto há divisões e injustiças. Nas reuniões alguns se avançam, comem e se embriagam enquanto outros passam fome (cf. 1Cor 11,17-22). Quando ocorre isso, não se pode celebrar a ceia do Senhor (cf. 1Cor 11,20)[13]. Se apesar disso alguém come e bebe do pão e do cálice do Senhor indignamente, "é réu do corpo e do sangue do Senhor [...] come e bebe sua própria condenação" (1Cor 11,27.29). Paulo quer sublinhar a autenticidade da comunhão cristã: só comunga verdadeiramente com Cristo quem comunga com os irmãos; essa comunhão implica a comunhão de bens com todos para que ninguém passe necessidade. Nos Atos dos Apóstolos a fração do pão vinha sempre junto com a comunhão de bens e com a união de corações (cf. At 2,42-46; 4,32). O autor da Epístola aos Hebreus nos recorda com acerto: "Não vos esqueçais de fazer o bem e de partilhar os bens, pois Deus gosta destes sacrifícios" (13,16). Portanto, o culto eucarístico não dispensa nem pode substituir o compromisso pela justiça e pela busca de relações fraternas entre os irmãos. Qual a razão dessa união entre culto e prática

---

13. Há discussões entre os exegetas com referência à tradução dessa passagem. Apoiamo-nos em: REES, W. *A Catholic Commentary on the Holy Scripture*. Londres: [s.e.], 1952, p. 1.093. • CASTILLO, J.M. *La Eucaristia, problema político*. Op. cit., p. 333-334. • FIORENZA, E.S. "Participação à mesma mesa e celebração da Eucaristia". *Concilium*, n. 2, 1982, p. 5-18, esp. p. 16-17.

de justiça e de partilha mútua? Paulo encontra o motivo na própria eucaristia. Nela, diz o apóstolo: "Proclamamos a morte do Senhor até que Ele venha" (1Cor 11,26). A morte, aqui, significa a entrega de Jesus ("Isto é o meu corpo que se dá por vós": 1Cor 11,24); Ele não se agarrou à própria vida; fez-se dom aos demais. Ora, quem comunga de Cristo deve fazer a mesma coisa, tornar-se dom para os outros. A expressão *fazei isto em minha memória* (1Cor 11,24; Lc 22,19 par) não significa apenas: "repeti sempre de novo esta celebração", mas: "fazei o mesmo gesto de entrega que eu fiz, entregando-me realmente (e não apenas simbolicamente) aos outros até o extremo" (cf. Jo 13,1)[14]. Se houver essa atitude, então jamais os pobres passarão fome nem haverá divisões entre os que têm e os que não têm na comunidade.

Não basta a busca de justiça para tornar a eucaristia autêntica. Jesus dá um passo além: a celebração pressupõe a superação das rupturas do tecido social e a reconciliação: "Se estás diante do altar para apresentar tua oferta e ali te lembrares que teu irmão tem alguma coisa contra ti, deixa tua oferta lá diante do altar, vai primeiro reconciliar-te com teu irmão e então volta para apresentares tua oferta" (Mt 5,23-24). O transfundo teológico para essa reconciliação prévia reside na própria mensagem cristã que João tão bem formulou: "Se alguém disser 'amo a Deus'", mas odiar o irmão, é mentiroso; pois quem não ama o irmão, a quem vê, não pode amar a

---

14. Cf. DURRWELL. Op. cit., p. 55.

Deus, a quem não vê; temos de Deus o preceito: quem ama a Deus, ame também o irmão" (1Jo 4,20-21). Com o mesmo movimento com que amamos a Deus, devemos amar o próximo, pois, na verdade, há um só mandamento, aquele do amor. O amor a Deus se verifica, quer dizer, fica verdadeiro, no amor ao próximo. A celebração que pretende centrar-se em Deus, esquecendo de costurar as relações rotas, não encontra Deus, porque cortou o caminho que, infalivelmente, conduz a Deus: o amor ao próximo"[15]. Camilo Torres, sacerdote que viveu a verdade dilacerante da palavra evangélica e morreu para torná-la historicamente eficaz, no intento de criar as condições reais do verdadeiro culto eucarístico, deixou escrito a 24 de junho de 1965: "A comunidade cristã não pode oferecer de maneira autêntica o sacrifício, se antes não realizou, de modo efetivo, o preceito do amor ao próximo"[16]. Segundo a exigência evangélica, não é suficiente que a eucaristia se faça segundo os cânones disciplinares e litúrgicos para garantir sua autenticidade cristã. Ela deve, preservado o valor eclesial da disciplina canônica, atender ao espírito de Jesus que vê o verdadeiro culto a Deus mais realizado na concretização da justiça e na construção da fraternidade do que no fazimento de uma celebração simbólica.

---

[15]. Cf. as reflexões contundentes de DUSSEL, E. "O pão da celebração: signo comunitário de justiça". *Concilium*, n. 2, 1982, p. 76-88.

[16]. Apud GUTIÉRREZ. Op. cit., p. 218.

3 "Não lanceis aos cães coisas santas"

A Igreja primitiva tomou muito a sério a ligação entre fraternidade e culto eucarístico. Aplicava com frequência a si mesma esta admoestação do Senhor: "Não lanceis aos cães coisas santas nem atireis pérolas a porcos" (Mt 7,6). O historiador Plínio, do século II, testemunha a união entre celebração eucarística e seguimento da ética evangélica. Diz ele, escrevendo ao Imperador Trajano, que os cristãos nos seus cultos dominicais "se comprometem com juramento solene a não cometer roubos nem latrocínios, nem adultérios, a não faltar à palavra dada, a devolver os empréstimos"[17]. O catecismo dos primeiros cristãos (*Didaqué*, compilado nos anos 90 a 100) recomenda com referência à eucaristia dominical "que todo aquele que vive em discórdia com o outro não se junte a vós antes de se ter reconciliado, a fim de que vosso sacrifício não seja profanado"[18]. É sabido que os cristãos que cometiam pecados destruidores da comunidade, como o assassinato, o adultério e a negação pública da fé, eram excluídos das celebrações eucarísticas[19]. A razão consistia na convicção de que a comunhão do corpo do Senhor só tem sen-

---

17. Cf. BUENO, D.R. *Actas de los mártires*. Madri: [s.e.], 1962, p. 246. • CASTILLO, J.M. *La Eucaristia...* Op. cit., p. 339.

18. *Didaqué* – Introdução, tradução e comentário de Urbano Zilles. Petrópolis: Vozes, 1970, p. 27, XIV, 2.

19. Para um resumo histórico da problemática, cf. RAMOS-REGIDOR, J. *El sacramento de la Penitencia*. Salamanca: [s.e.], 1975, p. 171-204.

tido quando houver previamente a comunhão com o corpo social.

Essa convicção era tão profunda que a comunhão eucarística, nos primeiros séculos, implicava a comunhão de bens. São Justino, um dos primeiros testemunhos da prática eucarística dos cristãos († 165), conta como, por ocasião da eucaristia, todos traziam parte de seus bens para atender a órfãos, viúvas, doentes, forasteiros e demais necessitados[20]. São Cipriano, dirigindo-se a uma senhora rica, lhe diz:

> Permanecendo como és (rica), não poderás fazer boas obras na Igreja: os teus olhos, cheios de escuridão e cobertos com as trevas da noite, não veem o infeliz e o pobre. Poderosa e rica como és, pensas que celebras o dia do Senhor, tu que não te dignas sequer olhar para o prato das oferendas para o templo, tu que vens à igreja sem trazer nada e ainda tomas para ti parte daquilo que o pobre trouxe? Vê a viúva do Evangelho![21]

Mas não era qualquer esmola que expressava a comunhão fraterna. Era aceita somente aquela que efetivamente mostrava a participação na vida comunitária dentro de um espírito evangélico de busca de união e de justiça. As esmolas de pessoas notoriamente iníquas e opressoras eram rejeitadas. Um texto do século III, da comunidade cristã da Síria setentrional, a *Didascalia* (ou também Doutrina dos

---

20. *Apol.* I, 67,6.

21. De Opere et eleemosynis 15; cf.: MARA, Maria Grazia (org.). *Ricchezza e povertà nel cristianesimo primitivo*. Roma: [s.e.], 1980, p. 147-148.

doze apóstolos e dos santos discípulos de nosso Redentor), diz taxativamente: "Se os pobres da Igreja são tão pobres que não possam ser alimentados senão pelas esmolas dos iníquos, então é preferível que morram de fome a aceitar esmolas deles"[22].

Aqui se mostra em grau extremo a coerência entre a comunhão com o pobre e a comunhão com o corpo de Cristo. Na verdade, o grande sacramento, verdadeiramente salvífico, é o sacramento do pobre. Quando o comungamos pela solidariedade e pelo amor que atendem às suas necessidades, comungamos infalivelmente o Cristo que neles se escondeu e se identificou (Mt 25,40.45: "A mim o fizestes [...] a mim o deixastes de fazer"). Mas nem sempre é seguro que, quando comungamos eucaristicamente, comungamos eficaz e autenticamente o Cristo aí presente; importa estar numa comunhão prévia mais ampla, aquela com os irmãos e com a comunidade eclesial.

4 Nem farisaísmo político nem laxismo eucarístico

A partir dessas reflexões, baseadas nas fontes primordiais de nossa fé (escritura e prática da Igreja primitiva), fica a perplexidade: Que fazemos com nossas celebrações eucarísticas feitas em ocasiões tão diversas e expressando interesses tão distintos e até divergentes? Claro está que não se põe em dúvi-

---

22. *Didaskalia* IV, 8, 2 (Funk, 228).

da aqui o conteúdo objetivamente teológico do sacramento (com seu *ex opere operato* e a presença real de Cristo na eucaristia). O que está em questão é o uso que fazemos da celebração eucarística. A prática atual é devedora de polêmicas antigas sobre as formas de presença de Cristo nas espécies eucarísticas, do valor sacrificial da missa, da relação estreita entre eucaristia e sacerdócio e unidade da Igreja. Em função disso, surgiu uma piedade de adoração particular da eucaristia, a proclamação pública e processional da real presença de Cristo eucarístico e a exaltação do sacerdócio a quem cabe a confecção do sacramento do altar. Salvaguardado o valor de tais manifestações, pensamos, entretanto, que em razão da natureza e dignidade da própria eucaristia importa sublinhar alguns pontos.

Em primeiro lugar, precisamos entrar num *processo de evangelização* de nossas práticas eucarísticas. Quando dizemos evangelização, apontamos para a exigência de confronto com a verdade originária de Jesus, de sua prática, do sentido que Ele deu, por palavras e obras, aos gestos conservados pela Igreja. Como Paulo o recordou aos coríntios: pela celebração eucarística, nós proclamamos a morte de Jesus ao nosso mundo (cf. 1Cor 11,26). Anunciamos o *ethos* cristão que é uma existência como pró-existência, vida em prol dos outros, em entrega à causa de Deus que é seu reino, em serviço aos mais pobres procurando com eles a justiça e a fraternidade, suportando em razão desse compromisso a perseguição e a morte. Tudo isso fez Jesus, e a ceia eucarística é seu memorial e permanente atualização, pois Ele continua dando-se e entregando-se para a libertação plena dos homens. A eucaristia expressa, portanto, de forma sacrificial, a reconciliação de Deus com os homens e dos homens entre si. É por excelência o *sacramentum unitatis*. Não apenas expressa a união que Deus por Cristo e no Espírito já realizou para nós, mas também é força unitiva que gera dinamismos de união e unificação num mundo dilacerado. Não devemos esquecer jamais que Jesus celebrou sua ceia derradeira num ambiente de conflito e de morte. Não é o conflito que impede a celebração. A celebração intenta superar o conflito. O conflito não pode permitir uma manipulação da celebração para expressar uma união e reconciliação inexistente. A celebração é sempre possível quando as pessoas e as comunidades estão a caminho da remoção de suas rupturas e buscam convergências enaltecedoras para todos.

Não vigora na prática atual muita vigilância sobre esse tipo de sacralidade da celebração. Para grandes manifestações massivas é convenção que se celebre uma missa. Muitas vezes ocupam os primeiros bancos, como os fariseus outrora, os opressores do povo; acercam-se da comunhão aqueles que notoriamente não possuem nenhuma comunhão com os cidadãos sobre os quais governam (dominam?) sem serem por eles eleitos e que conduzem uma política constatadamente prejudicial ao interesse das grandes maiorias pobres. Tais fatos profanizam o sentido da eucaristia e escandalizam os que se inspiram no Evangelho de Cristo. E o escândalo é ainda maior quando tudo é feito na presença de sacerdotes e de bispos que, por ofício pastoral, deveriam proclamar o sentido libertador e profético da morte de Cristo aos poderosos deste mundo.

Em segundo lugar, após a evangelização coletiva de toda a Igreja, a começar pelo corpo sacerdotal, importa assumir coerentemente opções comunitárias. Bem ponderou José Maria Castillo:

> A solução não se pode dar mediante "decisões eclesiásticas", mas através de "opções comunitárias". Porque se trata de um problema que afeta toda a Igreja; mas a Igreja não é somente o clero. Tem que ser, portanto, a comunidade, cada comunidade concreta que celebra a eucaristia, quem se faça responsável por suas celebrações eucarísticas, de sua forma concreta de "proclamar" a morte de Cristo "ante a sociedade"[23].

Nesse particular importa desenvolver na comunidade um espírito evangelicamente maduro, à semelhança de Jesus. Ele era claríssimo quando se tratava de anunciar a mensagem do reino e a vontade do Pai, mas era misericordioso e compreensivo quando se encontrava com a fragilidade humana e com as situações de pecado. Portanto, nem devemos cair num farisaísmo político que exorciza da comunidade eucarística todo tipo de pessoa injusta, nem num laxismo eucarístico que admite qualquer

---

23. CASTILLO, J.M. *La Eucaristia...* Op. cit., p. 345.

pessoa por mais iníqua que seja. A Igreja, ao longo dos séculos, encontrou várias normas disciplinares que salvaguardassem a santidade do sacramento eucarístico; hoje ainda exclui da comunhão pública os divorciados. Cabe perguntar se não é chegado o tempo em que nossa Igreja, correspondendo ao nível de consciência alcançado acerca do pecado social e das injustiças institucionais que clamam ao céu, deva regular o acesso à celebração eucarística negando-o a notórios opressores do povo e a pessoas que são agentes de empresas exploradoras da vida dos pobres. Com essa medida, a Igreja não estaria julgando a culpa subjetiva da pessoa ou do agente social, mas considerando o grau de escândalo que, objetivamente, profaniza a eucaristia, porque se opõe ao seu sentido direto de ser o memorial de Jesus, da reconciliação que Ele nos alcançou com o sacrifício de sua própria vida.

Por fim, a preocupação constante da Igreja é manter a unidade dialética e autoimplicante de ser simultaneamente a comunidade de culto que celebra a libertação plena que Deus-Pai nos presenteou pela morte e ressurreição de Cristo na força do seu Espírito e a comunidade de compromisso histórico que realiza no mundo, a partir dos pobres, a libertação integral de todos os homens iluminada pela prática de Jesus e animada pela força da celebração eucarística.

A celebração eucarística, como todo sinal, guarda sempre uma obscuridade insuperável. A união que ela simboliza e realiza jamais é completa, porque ainda estamos na história marcada por toda sorte de cissuras; por isso não é transparente. Por outro lado, aponta e visibiliza sacramentalmente a Alguém em quem o mundo se reconciliou e já se fez presente a plenitude do Reino de Deus, em Jesus morto e ressuscitado. Por isso em toda eucaristia estamos tristes e alegres, mas é sempre uma tristeza e alegria segundo Deus e não segundo o mundo. Enquanto vivemos, precisamos preservar a santidade de nossas celebrações para que elas sempre nos recordem o que naquele tempo ocorreu – a entrega de Jesus –, atualizem o que continuamente deve ser feito e refeito – a união e reconciliação entre os homens e dos homens com Deus – e dirijam nosso olhar para o termo feliz da história, quando Deus estará totalmente nos homens e os homens plenamente em Deus. Então tudo será eucaristia, vale dizer, ação de graças.

8
Que significa sobrenatural?

Observa-se a tendência, em várias correntes teológicas, de se superar o questionamento clássico *natural-sobrenatural*[1]. Teólogos há que postulam a liquidação deste termo *sobrenatural* da teologia. Ele exerceu sua função no pensamento da Igreja latina; seus frutos podem ser mais bem formulados por outras expressões menos ambíguas[2].

A *realidade* do sobrenatural, entretanto, é tão decisiva para o cristianismo como aquela do pecado e da graça, da salvação e do Reino de Deus. Entretanto, essa realidade, durante mais de quinze séculos, foi expressa sem a necessidade de se usar a palavra *sobrenatural*[3]. O Novo Testamento não conhece esse termo. Os grandes teólogos do passado como

---

1. Cf. COLOMBO, G. "Sopranaturale. Il tramonto dei termine 'sopranaturale'". *Dizionario Teológico Interdisciplinare* III. [s.l.]: Marietti, 1977, p. 297-301.

2. Cf. BOFF, L. *A graça libertadora no mundo*. Petrópolis: Vozes, 1977, p. 56-62. • ALFARO, J. *Cristologia y antropologia*: el problema teológico de la transcendência y de la inmanencia de la gracia. Madri: [s.e.], 1973, p. 227-343; no mesmo volume: Persona y gracia, p. 345-366.

3. Para o estudo do vocábulo, cf. o livro clássico de DE LUBAC, H. *Surnaturel études historiques*. Paris: [s.e.], 1946, p. 325-394.

Orígenes, os irmãos capadócios São Basílio e Gregório de Nissa, Santo Agostinho, São Bernardo e Santo Anselmo jamais usaram tal palavra. A palavra aparece pela primeira vez no século VI. Divulga-se no século IX com o sentido de uma realidade que compete exclusivamente a Deus em distinção da criatura (era sinônimo de *supernaturalis, superexcellens, supermundanus, superessentialis, supersubstantialis*)[4]. No século XIII, época dos geniais teólogos medievais, era ainda rara. Firmou-se como categoria teológica somente a partir de 1256-1259, quando Santo Tomás de Aquino escreve suas *Quaestiones disputatae de veritate*.

Oficialmente, a palavra foi assumida pelo magistério em 1567 numa bula do Papa Pio V (1566-1572), condenando o teólogo Miguel Baio que especulava sobre a relação entre a condição humana e a graça divina (DS 1921 e 1923).

1 O que se quer significar com a palavra sobrenatural?

Mediante o termo *sobrenatural* pretendia-se formular a compreensão cristã do ser humano[5]. Isso foi

---

4. Ibid., p. 369.

5. Para toda essa questão, cf. o erudito estudo de COLOMBO, G. Il problema del sopranaturale negli ultimi cinquant'anni. In: *Problemi e orientamenti di teologia dommatica* II. Milão: [s.e.], 1957, p. 545-607. • Id. "Grazia". *Enciclopedia delle religioni* I. Florença: [s.e.], 1970, p. 1.612-1.646. • GHERARDINI, B. "Naturale e sopranaturale: una precisazione". *Divinitas* 19, 1975, p. 139-158. • BOF, G. "Sobrenatural". *Nuevo Dicionário de Teologia* II. Madri: [s.e.], 1982, p. 1.673-1.687.

feito nos quadros da filosofia grega que operava mediante a categoria *natureza*. Discernimos três momentos na elaboração da resposta a essa questão.

O primeiro encontrou em Santo Agostinho seu grande formulador. Agostinho, na polêmica contra Pelágio, parte da natureza entendida no âmbito religioso e relacionada com o desígnio salvífico de Deus. Essa natureza aparece como decadente e escravizada ao pecado. Com os recursos inerentes a essa situação, ela não pode libertar-se sozinha. Poderá fazer avanços formidáveis em termos de um humanismo aberto como já os sábios antigos o intuíram. Mas não poderá saltar por cima de sua própria sombra. O pecado não perverteu a essência humana, mas espoliou-a e vulnerou-a de tal maneira que ela permanece irremediavelmente entregue a si mesma. Deus, porém, jamais abandonou esse ser humano encurvado sobre si mesmo. Socorreu-o sempre, abrindo espaços para uma humanização que devolve, embora de forma frágil, a estatura originária do ser humano. A isso Santo Agostinho e toda a teologia antiga chamam de graça: é a presença graciosa, humanizante e divinizante de Deus. Agostinho entendia esse recurso divino existencialmente, como um dado permanente da ordem histórico-salvífica da humanidade.

Outra formulação foi dada com a integração no pensamento cristão, a partir da Alta Escolástica, da filosofia aristotélica. Natureza recebe uma compreensão metafísica: significa aquele complexo de perfeições e qualidades que constituem um ser dentro de uma espécie determinada. Isso pode ser num sentido constitutivo, consecutivo e exigitivo. Em outros termos, à natureza humana pertencem constitutivamente o corpo e a alma e as faculdades espirituais; consecutivamente, a ciência e as instituições sociais; e exigitivamente, o mundo material, a cultura. Essa natureza forma um mundo em si mesma, com identidade própria e fim específico. Natural é tudo o que corresponde a essa natureza, deriva dela ou se ordena a ela, para que possa realizar-se em si mesma. Sobrenatural é aquilo que em si não pertence à natureza nem é exigido por ela. Nem por isso deixa de ser apetecível e enriquecedor. O sobrenatural é tudo o que advém e é acrescentado (*superadditum*) à natureza como dom e gratuidade. Daí dizer-se que a ordem divina, a vocação à comunhão íntima e absoluta com Deus, o perdão dos pecados, pertencem à ordem sobrenatural. Eleva a natureza, divinizando-a por pura iniciativa gratuita de Deus.

Essa posição não deixa de ter seu valor na medida em que exalta a realidade humana, as potencialidades da razão e a autonomia da atividade humana. Nesse sentido assume as intuições do Iluminismo e da Modernidade, ocasião em que se travaram as grandes batalhas acerca do natural e do sobrenatural. Com a categoria *sobrenatural* pretendia-se salvaguardar o fenômeno cristão e a novidade da redenção: dom gratuito de Deus beneficiando a realidade humana. Por outro lado, essa visão se mostra extrinsecista; a graça é sempre algo que vem de fora, não pertinente historicamente à natureza encerrada em sua esplêndida identidade. É apetecível e desejável uma realidade que, no fundo, não nos diz respeito, mas nos é agregada? Essas questões nunca deixaram de perturbar esta formulação de compromisso entre a filosofia natural dos antigos e a emancipação do homem da Modernidade com a novidade do cristianismo que afirma a graciosidade de Deus, que nos amou e libertou.

A terceira formulação se deu no âmbito do pensamento moderno. Aprofundou-se filosoficamente a especificidade da natureza humana. Que faz humana a natureza? A partir principalmente de Kant, de Hegel e dos existencialistas, o específico da natureza humana é visto no espírito e na liberdade. O espírito é o próprio homem na sua qualidade de abertura absoluta, de transcendência e de transdescendência. A liberdade em seu exercício permite ao ser humano construir-se a si mesmo, transformar o mundo à sua volta, criar cultura e projetar sua relação com o absoluto de Deus. A característica do espírito livre é a sede de infinito e o desejo do Absoluto. Somente o Absoluto, entregando-se livremente como dom, pode apaziguar essa experiência oceânica. Em outras palavras, a natureza aparece como excêntrica; unicamente afinada com o centro que se situa fora dela pode ser feliz e realizar-se plenamente. Apenas Deus concretiza a utopia humana. O grito do ser humano (homem e mulher) por Deus não é outra coisa que o eco da voz do próprio Deus chamando-o para a comunhão e para a absoluta realização em comunhão com Ele.

Nessa compreensão, o sobrenatural pertence à dimensão do natural. Esse natural não se entende enclausurado sobre si mesmo em sua identidade e finalidade específicas; apreende-se em seu dinamismo transcendente e superador de qualquer concretização histórica, permanentemente aberto e somente repousando naquela realidade que chamamos Deus[6].

Essa reflexão de corte filosófico foi completada por outra especificamente cristológica. Cristo é aquele homem que pôde acolher totalmente Deus dentro de si. Ele é o *ecce homo*, capaz de Deus, arquétipo de todo ser humano. Todos somos criados à imagem e semelhança de Cristo; somos filhos no Filho eterno. Por isso vigora em nós uma capacidade de relacionamento infinito com Deus e de acolhida irrestrita da divindade em nós. A razão da "natureza" humana reside no fato de poder propiciar a Deus essa completa autocomunicação que encontrou em Jesus de Nazaré sua realização histórica plena. Não existe, portanto, uma natureza pura, fechada em si mesma. Ela é exposta e aberta à recepção do Filho eterno. A única ordem querida por Deus é aquela sobrenatural. Não há uma finalização meramente intra-histórica e antropológica. Não existe um fim natural e outro sobrenatural que vem completar o fim natural. Existe tão somente o fim sobrenatural face ao qual o ser humano (homem e mulher) se realiza ou se frustra.

---

6. Cf. VANNESTE, A. "Le mystère du surnaturel". *Ephemerides Theologicae Lovanienses* 44, 1968, p. 179-190.

Tem sentido ainda falar em natural? Tem, no sentido de criacional. O ser humano é criatura, criada à imagem e semelhança do Criador (cf. Gn 1,27); como tal é distinta de Deus. Mas foi criada para estar sempre em relação para com Deus: positiva (graça), quando acolhe Deus, seu projeto que se faz presente nas mediações da justiça, da solidariedade, do perdão e da fraternidade; negativa, quando rechaça Deus (pecado) e se fixa em seu próprio projeto de centração em si mesmo, dominação dos demais e esbulhamento da natureza. Puramente natural é o fato criacional de existir a pessoa humana, espírito e liberdade, capaz de humildemente acolher Deus ou orgulhosamente recusá-lo. O ser humano é distinto para poder unir-se a Deus e distinto para propiciar a Deus encarnar-se e assim autocomunicar-se de forma absoluta. Fora esse aspecto criacional, a natureza humana se encontra sempre chamada por Deus; existe sob o arco-íris do oferecimento de um diálogo e de uma comunhão à qual, infelizmente, o ser humano pode negar-se e historicamente negou-se.

2 A graça permeia a história e atravessa cada coração

A partir dessa compreensão, damo-nos conta de que o termo *sobrenatural* foi a ocasião de se pensar, dentro de uma visão do mundo não bíblica e grega, a compreensão cristã da existência humana. Esse conceito já realizou sua função histórica. Pode ser abandonado como termo, não como realidade significada. Essa realidade pode hoje em dia ser traduzida com menos ambiguidade por transcendência, abertura infinita, projeção para cima, para o Absoluto. Não é sem-razão que o famoso documento do Vaticano II, *Gaudium et Spes*, tenha abandonado totalmente esse instrumento teórico (o sobrenatural) ao expressar a atividade humana no mundo, sob a ação da graça de Deus. Não fala mais da vocação natural e sobrenatural do ser humano, mas de *vocação integral*, vale dizer, vocação que integra o céu e a terra, as exigências imanentes da história e os imperativos da transcendência (cf. *GS* n. 10, 11, 57, 59, 61, 63, 91; *Ad Gentes*, n. 8). Comenta um conhecido teólogo romano:

> Tal reserva (da *Gaudium et Spes*), certamente intencional, corresponde a uma tendência na teologia contemporânea. Com efeito, em vista dos inconvenientes sabidos, fazem-se atualmente diversas tentativas para explicar o dom de Cristo que, sem transcurarem a sua transcendência com respeito à criatura (o seu caráter "sobrenatural"), dão maior relevo ao seu aspecto positivo e à sua relação com a totalidade da mensagem cristã[7].

Se é verdade que a existência humana se caracteriza por se sentir continuamente chamada ao transcendente, se ela em tudo o que faz, pensa e diz se ordena, positiva ou negativamente, a Deus ou ao reino (projeto de Deus), então devemos também afirmar a

---

7. Cf. FLICK, M. & ALSZEGHY, Z. *Fondamenti di una antropologia teológica*. Florença: [s.e.], 1969, p. 433.

unidade da história. Ela é sempre história da salvação ou perdição, história do homem e de Deus em diálogo, em ruptura, em redenção e libertação.

Todas as práticas humanas, também aquelas que se fazem fora do espaço cristão, sem referências religiosas, inclusive as ateias, não se encontram fora da dimensão de graça/pecado. A partir daqui, devemos valorizar teologicamente toda a realidade histórica dos homens, das culturas, dos distintos modos de produção. Existe uma realidade teologal em todas as articulações da história, independente do querer ou não querer humano, de sua conscientização ou não. Essa realidade ôntica pode ser conscientizada, transformar-se num discurso religioso e até numa reflexão teológica explícita. A graça permeia a história, atravessa o coração humano. Mas não só a graça, também o pecado. Concretamente a história humana se organiza numa dialética difícil de pecado e graça, de coexistência, de obediência e de rebeldia, de realização e de frustração do desígnio histórico de Deus. Agostinho, numa formulação cujo segredo só ele conhece, podia realisticamente dizer: "Omnis homo Christus, omnis homo Adam" [Cada um é simultaneamente Cristo e Adão, velho e novo homem, céu e inferno].

Com a temática do sobrenatural, a teologia cristã de versão grega queria também afirmar a proeminência da iniciativa de Deus. O sobrenatural é propriamente a grande realidade; a natureza é antessala e suporte de um desígnio cujo protagonista é principalmente Deus. Ele quis associar à sua vida outras vidas, ao seu amor outros companheiros que também amam. A história é humana porque é feita por criaturas criadas pelo amor de Deus, mas ela propicia uma história divina em comunhão com os homens; Cristo revela o encontro desses dois caminhos, uma história dramática cujo sujeito último é o próprio Filho de Deus.

3 O sobrenatural e a alienação crítica a partir da fé libertadora

Há um grave risco de alienação e de ideologização do cristianismo quando se pensa o sobrenatural como algo fora da história, como uma realidade agregada ao natural ou como um segundo andar do edifício humano e não devido ao ser humano. Diz-se que o cristianismo tem a ver com o sobrenatural e não com o natural. A ação dos cristãos deve inserir-se no sobrenatural que vem comunicado pelas instituições do sagrado: sacramentos, celebrações, meditação e assimilação da revelação escriturística, atos de fé, esperança, caridade e todas as demais virtudes exercidas no interior da incorporação eclesial. A teologia trata do sobrenatural, e as ciências, do natural; a razão "meramente natural" se exercita no natural, e a razão "iluminada pela fé e banhada pelo sobrenatural" se ocupa com as realidades sobrenaturais.

Essa compreensão gerou um cristianismo desengajado da história, ausente dos grandes acontecimentos histórico-sociais que abalaram os últimos trezentos anos da humanidade. Como o sobrenatural nessa acepção é em si inexperienciável (só o natural é objeto da experiência), o acesso a ele se dá mediante uma fé-aceitação-de-verdades e o ensinamento do magistério. Essa compreensão do cristianismo o aproxima, se não o identifica, à ideologia. Ela não pode ser verificada nem deixa averiguar sua verdade, porque, sendo sobrenatural conforme essa interpretação, transcende a qualquer critério racional ou histórico. Corre-se o risco de se fetichizar o cristianismo: obriga-se a crer numa ordem sobrenatural, num mundo totalmente à parte deste em que vivemos, unicamente acessível à fé verbal, comunicado apenas por proposições de fé tidas como revelação sobrenatural. Não se questiona o caráter histórico dessas proposições, a forma como surgiram, como foram elaboradas pela comunidade de fé ou pelo autor sagrado, que, por sua vez, viveu uma experiência de Deus e da graça e expressou-a numa linguagem historicamente determinada.

A insuficiência maior dessa compreensão extrinsecista do sobrenatural reside no fato de não inserir o natural na reflexão e na preocupação do cristianismo. Ora, no natural ocorrem os grandes dramas e conflitos, enfrentam-se os homens em lutas ferozes de classe, em processos de libertação e na transformação do mundo. Tudo isso, porque se inscreve na ordem natural, pareceria irrelevante ao cristão. Mesmo a versão do sobrenatural como expressão da abertura infinita do ser humano muitas vezes permaneceu num mero formalismo filosófico. Não se traduziu o sobrenatural existencial em termos da vida concreta dos homens, de suas lutas e de sua inserção numa história conflitiva. No máximo, o sobrenatural ganhou uma versão personalista nos termos de uma teologia do encontro, do diálogo e da comunhão, como lugares de verificação da transcendência. O social e o histórico como realidades dominantes de nossa consciência atual mal entraram na consideração teológica acerca do sobrenatural.

Dizíamos que o sobrenatural permeia a história e atravessa o coração humano. Esse fato está garantido; não cabe à teologia, uma vez assimilado semelhante fato, permanecer em tautologias repetitivas sem sair do lugar. As questões relevantes que daí se derivam não residem mais em ver se a natureza está ou não vocacionada a uma destinação última no interior do mistério de Deus, mas em considerar as articulações históricas que mostram a vigência do sobrenatural como realização do desígnio de Deus ou aquelas que o negam e constroem o projeto da carne e do pecado.

Essa preocupação levaria o teólogo a considerar que a relação básica não é natural-sobrenatural, mas sobrenatural-graça e sobrenatural-pecado. Mais ainda: importa historizar graça e pecado em termos da realidade que nos aflige. Onde em nossa realidade se densifica o pecado e se corporifica a graça? Então perceberíamos que a grande questão que se coloca à consciência cristã e à meditação teológica atual é a questão da opressão e da libertação, na religião e na sociedade, do não homem e do homem, do submundo e do mundo, do subdesenvolvimento e do desenvolvimento[8]. Essas são as grandes questões que hoje nos desafiam, não tanto em razão de uma interpretação diferente do homem e de sua história, mas da transformação da sociedade na direção da participação e da fraternidade.

Com essas questões já roçamos o tema proposto: "o sobrenatural e o processo de libertação". Penso que ficou clara a transposição da temática. Ela se traduz nos seguintes termos: Em que medida o processo de libertação dos pobres se ordena ao Reino de Deus? Em que forma a libertação dos homens encerra graça e salvação?

4 A relevância teológica da luta dos oprimidos por sua libertação

A Teologia da Libertação nasceu no interior de um compromisso e de uma prática visando à libertação dos oprimidos. Não se trata apenas de refletir sobre um tema a mais além daqueles muitos do calendário teológico, o tema da libertação. Trata-se de pensar a totalidade do conteúdo da fé e do Evangelho a partir de uma prática de libertação e de uma opção pelos pobres contra a sua pobreza. A partir da década de 1960, ocorreu em toda a América Latina uma significativa mobilização popular. Os oprimidos começaram a ganhar consciência das causas de

---

8. Cf. RICHARD, P. Teologia da libertação latino-americana – Uma contribuição crítica à teologia europeia. In: *A Igreja latino-americana entre o temor e a esperança*. São Paulo: [s.e.], 1982, p. 13-34, esp. p. 25-30.

seu empobrecimento. Mediante organismos de classe como sindicatos e partidos, mobilizações populares e pressões de toda ordem, tentou-se a transformação da sociedade de tal forma que atendesse melhor a toda a população. Muitos cristãos, particularmente dos meios operários (Ação Católica Operária: ACO) e da juventude universitária (Juventude Universitária Católica: JUC), participaram dessas lutas. No interior dessa prática, ultrapassando uma perspectiva meramente reformista (que deixa o sistema intocado), visando a uma sociedade distinta, começaram a refletir sobre a contribuição do cristianismo no processo de libertação e a pensar o próprio processo como realidade que contém dimensões de graça, salvação e bens do Reino de Deus. Foi assim que surgiu o complexo de intuições que constitui hoje a assim chamada Teologia da Libertação[9].

Não é aqui o lugar de fornecer os principais passos teóricos e práticos dessa teologia, nem de mostrar sua conexão com a grande teologia clássica católica[10]. Queremos analisar, brevemente, como essa corrente teológica vê a conexão entre graça e compromisso humano em vista da libertação. Na tópica

---

9. Sobre a Teologia da Libertação, cf. os estudos de síntese histórica: RUBIO, A.G. *Teologia da Libertação*: política ou profetismo? São Paulo: [s.e], 1977. • OLIVEROS, R. *Liberación y teologia*. Lima: [s.e.], 1977. • BOFF, L. & BOFF, C. *Da libertação*. Petrópolis: Vozes, 1981.

10. Cf. meu estudo em homenagem a K. Rahner pelos seus oitenta anos: Das Zweite Vatikanische Konzil und die Theologie der Befreiung. Der Fall einer kreativen Rezeption aus der Sicht der Armen [O Vaticano II e a Teologia da Libertação. O caso de uma recepção criativa a partir dos pobres].

clássica, significa situar o *sobrenatural* em relação com o processo *natural* das lutas de libertação.

a) Uma só história: de opressão e/ou de libertação

A Teologia da Libertação insiste no fato de que existe uma só história na qual se dá salvação ou perdição[11]; a forma de opressão e de libertação da graça e do pecado aparece quando se coloca a questão no nível social, que é hoje a instância mais determinante de nossa percepção da realidade. Para poder identificar a presença de pecado ou de graça na sociedade, essa teologia se obriga a uma análise, a mais rigorosa possível, dos mecanismos de funcionamento dessa sociedade. É nesse ponto que a Teologia da Libertação assume um certo referencial teórico de interpretação da história e da sociedade que lhe permite melhor identificar o que é presença de injustiça, opressão, negação de participação ao povo e presença de relações mais justas, participadas e fraternas. A Teologia da Libertação deu preferência, em função dessa perspectiva de fé, à análise dialética elaborada pela tradição revolucionária e crítica, sem com isso assumir todas as implicações de ordem filosófica (materialismo dialético) e estratégicas (luta de classes) presentes, por exemplo, no marxismo histórico. Faz um uso não servil dos instrumentais analíticos em razão de conseguir maior

---

11. Cf. GUTIÉRREZ, G. *Teologia...* Op. cit., p. 68-72.

lucidez acerca dos mecanismos geradores de empobrecimento e maior visão acerca das alternativas possíveis à sociedade capitalista.

Essa mediação analítica, como qualquer outra com referência à sociedade, é fundamental e imprescindível à teologia; caso contrário, ela cai num empirismo ingênuo ou num funcionalismo legitimador da ordem vigente que oprime os pobres (que constituem a grande maioria de nossa gente) e assim não consegue cumprir sua missão própria que é de denúncia da injustiça e de anúncio de fraternidade. Puebla tem clara consciência da necessidade dessa análise da realidade para a evangelização:

> A Igreja tem conquistado paulatinamente a consciência cada vez mais clara e profunda de que a evangelização é sua missão fundamental; não é possível o seu cumprimento sem que se faça o esforço permanente para conhecer a realidade e adaptar a mensagem cristã ao homem de hoje, de forma dinâmica, atraente e convincente (n. 85).

Caso prescinda da análise, corre o risco de decifrar como graça e libertação aquilo que não é (como o assistencialismo ou o paternalismo) e como pecado e opressão aquilo que não precisa ser (organização dos pobres, opção preferencial pelos pobres, leitura crítica e dialética da realidade social)[12].

---

12. Cf. o melhor estudo sobre o tema: BOFF, C. *Teologia e prática*: a teologia do político e suas mediações. Petrópolis: Vozes, 1978.

b) Versão secular da presença do reino

A perspectiva unitária e dialética da história (graça/pecado, opressão/libertação) permite ver a presença do reino e de seus bens em realidades que a si mesmas não se chamam reino ou divinas. Toda atividade secular como a atividade política, a luta dos oprimidos, o compromisso dos aliados dos pobres (intelectuais orgânicos, segmentos de classe), pode ser portadora da causa de Deus no mundo (reino) e geradora dos bens do reino (justiça, superação de discriminações, formas mais pertinentes de participação popular). Para saber se uma prática é veiculadora do reino não basta que ela assim se autodenomine; o decisivo é sua bondade objetiva. Em outras palavras, o que conta efetivamente são critérios éticos: em que medida tal prática gera bens sociais para todos e não apenas para uma elite social; de que forma tal política atende aos reclamos da justiça; como o Estado vai ao encontro dos interesses vitais de todos, especialmente àqueles ligados às fontes da vida: comida, trabalho, saúde, educação, moradia. O reino passa por aquelas mediações que se justificam eticamente com base em uma hierarquização de prioridades definidas a partir do interesse coletivo e não das vantagens de alguns segmentos da sociedade (os detentores do poder econômico ou do saber). Existe, portanto, dentro da realidade tida como profana, uma dimensão objetiva divina ou antidivina ("sobrenatural"). Todas as realidades, aos olhos da fé, possuem uma conexão com Deus; isso independe de nossa subjetividade; compete ao homem de fé ver semelhante dimensão teologal e ao teólogo dizer numa linguagem adequada essa dimensão. O teologal (caráter objetivo da presença ou da ausência de Deus) se transforma então em teológico (discurso explícito e consciente acerca do teologal).

c) Versão religiosa da presença do reino

A comunidade cristã (as distintas Igrejas), que se conscientiza da presença de Deus na história, reúne-se em nome dessa fé, celebra os feitos de Deus na gesta humana, compromete-se com mais razões na instauração dos bens do reino no mundo, particularmente no meio dos pobres, confere uma versão própria ao reino no presente, na história. A comunidade veicula um tipo de discurso que é aquele religioso. Por ele, a libertação verdadeira (aquela que objetivamente alarga o espaço da liberdade para todos a partir dos oprimidos) é vista como presença da graça; o autor desse processo não é apenas o ser humano, mas o próprio Deus; esse Deus não fica no anonimato, mas é professado, adorado e anunciado; a comunidade celebra os feitos de Deus na liturgia; elabora um discurso próprio sobre a libertação e sobre toda a dimensão da salvação que é o discurso catequético, pastoral e teológico; elabora a utopia cristã do homem e da sociedade e as mediações práticas (*ethos*) para concretizá-la na história.

O fato de ter a consciência da salvação e de elaborar um discurso teológico não significa que a comunidade cristã, *ipso facto*, liberta e faz-se mediação positiva da graça de Deus. Ela precisa também se comprometer, entrar numa prática solidária com os pobres e realizar a salvação. Só então sua função sacramental ganha sentido e autenticidade.

A significação primeira da comunidade cristã é trazer libertação como todos devem trazer; sua especificidade, entretanto, reside em poder sinalizar essa realidade, torná-la consciente, proclamá-la a todos os homens e fazer com que mais pessoas não apenas a realizem, mas também a explicitem num ato de adesão explícita a Deus (fé) e se incorporem àqueles que comunitariamente o fazem (Igreja).

d) Missão evangelizadora da Igreja

Aqui tocamos num tema importante: qual é a missão da Igreja. Certamente ela se inscreve no campo religioso, mas não pode reduzir sua missão ao campo religioso; isso implicaria cair num dualismo que já superamos e que aparecia em termos de natural/sobrenatural, sagrado/profano, mundano/divino. A exortação apostólica *Evangelii Nuntiandi* (1975) aborda diretamente a questão e enfatiza a superação de um duplo dualismo: aquele político e aquele religioso. Diz Paulo VI: A Igreja não aceita "reduzir sua missão às dimensões de um projeto simplesmente temporal" (n. 32), mas também evita o reducionismo religioso: "A Igreja não admite circunscrever a sua missão apenas ao campo religioso, como se desinteressasse dos problemas temporais do homem" (n. 34). A missão da Igreja conserva as dimensões da missão de seu fundador Jesus Cristo: evangeliza todas as dimensões da existência humana: aquelas interiores como a humanização de nossas paixões; aquelas pessoais como a superação do espírito de vingança, o perdão dos inimigos e a fraternidade; aquelas sociais como o compromisso com o oprimido pela fome, pela violação de seus direitos (cf. Mt 25,35-40) e na construção de relações justas entre todos. Essa missão se realiza tanto no profano quanto no religioso. Recobre, na verdade, todas as dimensões da vida, particular e social. Trata-se da missão evangélica e evangelizadora da Igreja. Em outros termos, interessa à Igreja tanto que haja comunidades cristãs que vivam o espírito do Evangelho (fortalecimento da própria realidade eclesial) quanto que se reforcem na sociedade os mecanismos geradores de justiça social, participação do povo e transformações estruturais da sociedade na direção de formas mais democráticas de convivência. Tanto num campo quanto no outro se realiza, sob signos distintos, o Reino de Deus e seus bens.

5 Relação entre salvação de Cristo e libertação humana

Se efetivamente no verdadeiro processo de libertação se mediatiza a graça ("sobrenatural"), que relação podemos estabelecer entre salvação de Jesus Cristo e processo de libertação? Paulo VI, na exortação apostólica acima referida (*Evangelii Nuntiandi*), advertia: "A Igreja relaciona, mas nunca identifica a libertação humana com a salvação em Jesus Cristo porque ela sabe por revelação, por experiência histórica e por reflexão de fé que nem todas as *noções* de libertação são forçosamente coerentes e compatíveis com uma visão evangélica do homem, das coisas e dos acontecimentos" (n. 35).

Advertimos que o papa não fala de processos de libertação, mas de *noções* de libertação. Todo processo de libertação, digno desse nome porque efetivamente liberta, atualiza a salvação de Jesus Cristo. Ocorre que, de fato, existem *noções* (compreensões) de libertação que não merecem ser chamadas de libertação: perpetuam opressões ou fazem trocar apenas os figurantes, mantendo as práticas e as estruturas opressoras. De todas as formas, podemos dizer: onde se verifica verdadeira libertação (aquela que corresponde a critérios éticos) aí se dá a comunicação da salvação.

Qual é a relação entre salvação e libertação? Por salvação entendemos aquela situação humana e cósmica totalmente libertada daquilo que ameaça a vida e que realiza o desígnio de Deus sobre a sua criação. Portanto, o conceito de salvação inclui o momento escatológico, trans-histórico e último da realidade. Em razão disso, podia o Papa Paulo VI asseverar: "A salvação transcendente e escatológica já tem certamente seu começo nesta vida, mas terá realização completa na eternidade" (*Evangelii Nuntiandi*, n. 27). Mais ainda: "A Igreja se esforça por inserir sempre a luta cristã em favor da libertação no desígnio global da salvação que ela própria anuncia" (n. 38; cf. n. 9). Portanto não existe uma identificação entre salvação (escatológica) e libertação (histórica). A salvação derradeira se antecipa, se concretiza e se historifica nas libertações autênticas, mas não se exaure aí. Ela está aberta a uma plenitude ainda não alcançada na história e também impossível de ser alcançada dentro dos quadros da história.

Por outro lado, as libertações históricas não são apenas históricas; elas são sacramentos de uma salvação (libertação plena ainda em curso e presente como promessa) que se deu de forma definitiva na vida, morte e ressurreição de Jesus Cristo. A salvação não se identifica *com* as libertações históricas, porque estas se mantêm sempre dentro do quadro da história; por isso são fragmentárias e jamais plenas. Mas a salvação se identifica *nas* libertações históricas que os homens introduzem, vale dizer, se concretiza, se dá a conhecer e se antecipa nelas. Portanto, salvação e libertação não se recobrem[13]. A salvação constitui uma realidade e um conceito maior que inclui e encerra dentro de si as libertações históricas (como realidade e como conceito). As libertações, por sua vez, abrem-se a libertações cada vez mais integrais até uma expressão suprema que é então a perfeita liberdade dos filhos de Deus, dos justos de todas as nações, raças e línguas que acolheram o dom de Deus dentro da história.

---

13. BOFF, L. & BOFF, C. Op. cit., p. 56-64, em que se estudam os vários modos da articulação entre salvação de Jesus Cristo e a libertação histórica.

Nessa perspectiva, faz-se compreensível que a atividade humana jamais é só humana (imanente, "natural"); ela vem penetrada, sustentada, animada, encabeçada pela ação divina. A ação divina na história não é só divina; ela usa as mediações humanas, sociais e cósmicas para encarnar-se, fazer-se presente e realizar-se. As relações entre uma e outra têm no mistério da encarnação seu paradigma, mas também seu caráter mistérico. Não são duas libertações, como não são dois Jesus (duas pessoas), mas uma só dentro de duas dimensões (na linguagem da metafísica cristológica do Concílio de Calcedônia, duas "naturezas"), a humana e a divina, que se encontram sem confusão, sem mutação, sem divisão e sem separação (DS 293, 302, 509, 555).

6 O *ethos* do cristão novo: a partir da identidade da fé, aberto a todos

A compreensão de que a salvação está em curso na história e encontra nas libertações concretas sua presença no campo social faz com que muitos cristãos educados nessa visão revelem uma prática distinta. Não se trata mais de uma prática somente religiosa: frequência ao culto, recepção dos sacramentos e cultivo da piedade familiar e litúrgica; nem se trata de uma prática meramente profana, assistencialista ou conscientemente política. Trata-se de uma prática social que nasce da meditação da Palavra de Deus, que se inspira na ação de Deus misturada com a ação dos homens; é uma ação social e realiza-se no campo profano; mas seu nascedouro é evangélico e articula-se no espaço sagrado e secular. O encontro com Deus faz com que se busque o encontro com os homens, especialmente com os pobres. Por outro lado, o encontro com os outros faz com que se enriqueça o encontro com Deus. A leitura das Escrituras ilumina a vida; a vida ilumina as Escrituras.

Essa visão globalizante permite ao cristão viver sempre na presença de Deus, seja quando está em sua comunidade rezando, seja quando está no seu grupo agindo. Num e no outro lugar, atua também Deus. Daí nasce uma mística do compromisso e uma celebração que insere a materialidade da existência como ocasião de ação de graças, de petição e de oração. Essa visão propicia ao cristão articular-se com outros homens que, não sendo cristãos, possuem entretanto a mesma intencionalidade e buscam a mesma libertação. Veem neles também agentes do reino e neles descobrem a presença atuante de Deus. Essa atitude permite a esses verdadeiros cristãos novos viverem um compromisso de luta sem se deixar tomar pela violência destruidora; transformam os imperativos evangélicos em comportamentos sociais que humanizam e fazem transformar a realidade.

Basta ler as centenas e centenas de relatórios das comunidades de base, nos seus boletins, na própria prática desses cristãos novos para percebermos essa articulação entre o evangélico ("sobrenatural") e o social ("natural") em vista de uma libertação real que nasce da fé. Nada melhor para ilustrar esse *ethos* já assimilado pelas comunidades do que transcrever um tópico, significativo em sua prática e em sua teoria. Trata-se de um relatório de um encontro regional de comunidades eclesiais em Vitória (ES), em 20 de dezembro de 1977[14].

a) Sobre a dimensão política da fé

- Em todos esses problemas de opressão e injustiças, tem sempre uma raiz mais profunda: o sistema global de organização da sociedade está errado. Isso é o pecado do mundo, o pecado coletivo da humanidade.
- A organização da sociedade depende da política. A política está presente em tudo e envolve toda a nossa vida.
- A palavra *política* tem vários sentidos: política do salário, política da educação, política do café, política da Vale do Rio Doce, política da Companhia Brasileira de Indústria e Comércio (Cobraice). Temos a política da convivência: dar um jeito, usar um meio para conseguir alguma coisa... No seu verdadeiro sentido, *política* é a arte de trabalhar pela comunidade, pelo bem de todos. É o que dizíamos: procurar o *bem comum*.
- Cristo veio nos ensinar o verdadeiro bem de todos. Sua pregação foi política e a própria expressão que ele mais usou é política: *Reino de Deus*.

---

14. Cf. *Sedoc* 11, 1978, col. 386-388; 392-393.

• Se a gente quer uma sociedade melhor, um mundo novo, não basta ficar falando que queremos viver como irmãos e construir um mundo fraterno. É preciso lutar, esforçar-se para mudar a organização errada da sociedade, tirar o pecado do mundo. E isso só se consegue através de uma ação política. Essa transformação vem de baixo para cima: são os pequenos que vão consegui-la, pois os grandes não querem mudança; a organização para eles está boa. Eles até dizem: "Se Deus quiser, tudo vai *continuar* assim [...]" Mas o pequeno diz: "Se Deus quiser, a vida vai mudar [...]" Mas as coisas só vão mudar, se os pequenos fizerem pressão de baixo. Sempre foi assim na história da humanidade.

• O cristão que diz: "Não quero saber nada de política", está se enganando. Essa frase é o mesmo que dizer: "Quero que o mundo continue errado como está. Não quero ajudar Cristo a tirar o pecado do mundo". Mas, mesmo falando que nada querem com política e que a Igreja não deve se meter em política, esses daí já estão também fazendo política, porque estão apoiando essa política errada que anda por aí e cria tanta desigualdade.

• Em geral, o povo não gosta que se fale em política na Igreja, por muitas razões, todas falsas:

1. Aquela tal separação entre fé e vida...

2. O que veem mais é política suja, política de interesses pessoais, politicagem...

3. Porque a política divide as famílias e as comunidades...

4. Porque o interesse dos grandes é justamente que os pequenos não entendam de política, para poderem manobrar tudo, como querem...

5. Porque pensam que política é como time de futebol...

• A Igreja deve conscientizar o povo sobre política para que o povo abra os olhos, participe das decisões e assim possa ser bem governado.

• Outro assunto é a política partidária. Os partidos políticos devem reunir pessoas que pensam mais ou menos do mesmo jeito, com as mesmas ideias a respeito do bem do povo e do modo de governar. É o que se chama: *programa partidário*.

Num país verdadeiramente democrático deve haver vários partidos e cada pessoa pode escolher aquele que melhor corresponder à sua maneira de pensar, desde que o partido procure de fato o bem comum. Por isso, as autoridades da Igreja não devem apoiar nenhum partido se todos trabalham pelo bem-estar do povo. E os cristãos devem ter liberdade para escolher de modo consciente e responsável o seu partido e os seus candidatos. Só em casos especiais, as autoridades da Igreja podem dizer: a única saída é apoiar tal partido: quando esse for o único com um programa que defende o bem comum.

b) Aspectos teológicos nos relatórios das comunidades

Outro estudo feito foi sobre os aspectos teológicos que estão bem claros nos relatórios. Com frases e citações abundantes foram destacados os seguintes aspectos:

1. Todos os homens são filhos de Deus e, portanto, irmãos e iguais.

2. Mas infelizmente existe o pecado com suas terríveis consequências: o mundo não segue o plano do Pai e está cheio de misérias e desigualdades sociais.

3. Diante de tudo isso, a Igreja tem uma missão: pregar o Evangelho, orientar, esclarecer, denunciar, combater a injustiça e o mal em geral.

4. Mas a Igreja só poderá fazer isso bem se der verdadeiro testemunho não só de palavras, mas principalmente de ação e de trabalho pelo bem comum.

5. Pois a fé exige as obras, e as ações e trabalhos das comunidades são sempre baseados na fé e inspirados nela.

6. Cada membro da comunidade é convocado para trabalhar e exercer funções nela, de acordo com seus dons e com suas qualidades e assim todos devem trabalhar para o bem de todos. É o que São Paulo chama de Corpo Místico de Cristo.

7. O homem foi feito à imagem e semelhança de Deus e, por isso, todo homem vale muito. As comunidades vão descobrindo cada vez mais o valor concreto da pessoa humana e ajudando principalmente aos pobres e pequenos a descobrirem seu valor pessoal.

8. Na caminhada das comunidades, Cristo é o caminho e o modelo. Ele é o centro de tudo.

9. E o principal mandamento e ensinamento de Cristo é o amor efetivo aos irmãos. Isso é uma verdade sempre presente em todas as comunidades, com muita força.

10. Na parte mais eclesial, a gente vê nas comunidades uma forte e importante renovação sacramental. Os sacramentos deixam de ser simples ritos para expressarem de fato um compromisso muito sério. Daí que, para recebê-los, é necessária uma boa preparação e uma conscientização.

11. Também toda liturgia se torna mais viva e bem participada.

12. Assim, mesmo nas celebrações, vai se unindo, cada vez mais, a fé com a vida, e a religião deixa de ser "ópio (pinga) do povo".

13. Nasce daí o grande compromisso cristão de ajudar a construir um mundo novo, de lutar pela justiça e igualdade de todos.

14. Está muito presente nos relatórios, mas foi pouco estudado, o aspecto da diversificação dos ministérios e o aparecimento de muitos ministérios dos leigos.

15. Também foi pouco estudado o aspecto de comunhão e de relacionamento das comunidades com a Igreja particular (diocese) e com a Igreja universal.

16. Finalmente ainda foi pouco estudado, mas bem presente, o aspecto dos elementos positivos e negativos da chamada "religiosidade popular" ou da "religião do povo".

c) Que Deus aceitamos?

Para nós, a pergunta fundamental (que é de todos os cristãos) se apresenta assim: Que Deus aceitamos? Nos seus pontos fundamentais, transcritos no quadro-negro, eis o resumo:

1. Todos temos uma grande tentação de inventar deuses, daí a importância da pergunta acima colocada.

2. Aceitar o Deus cristão leva a:

– reconhecer praticamente que todo homem é imagem de Deus;

– construir uma comunidade sem injustiça e sem oprimidos;

– perceber que negar a pessoa humana é negar a Deus;

– perceber que a resposta a Deus se vive no dia a dia;

– admitir que Deus se faz nosso irmão e faz do amor efetivo a coisa mais importante da vida cristã;

– admitir que Cristo vive o "empobrecimento" voluntário para enriquecer os outros;

– construir uma comunidade sem desigualdades e sem injustiças.

3. A tentação do poder na Igreja: assistencialismo ou ser pobre?

4. Construir comunidade: nossa realidade e Palavra de Deus.

5. Caminhar para a *libertação* nas libertações.

9
Ressurreição e a ameaça de destruição da humanidade

"E Cristo?", interrompeu o diálogo com Kafka um seu amigo. E Kafka, quase num sussurro, apenas murmurou: "Isto é um abismo luminoso. Temos que fechar os olhos para não cair".

Nessa frase do grande escritor tcheco espelha-se a atitude básica daqueles que, alguma vez, receberam o impacto do evento da ressurreição de Jesus. Trata-se verdadeiramente de um abismo luminoso, de um mistério que, como todos os mistérios, faz pensar e propicia decifrar em outra chave o drama humano. Os apóstolos testemunharam, outrora, uma explosão inaudita de luz e de sentido. Os clarões atravessaram a história e nos chegam com igual deslumbramento até os nossos dias. Podem provocar-nos a mesma sensação que Paulo teve a caminho de Damasco, encontrando-se com o Ressuscitado (cf. Gl 1,11– 2,10; At 9,1-9) e que Kafka tão diretamente intuiu.

A questão da ressurreição ganha para nós hoje uma relevância particular. Vivemos indiscutivelmente sob o impacto do holocausto possível de toda a humanidade mediante as armas atômicas. Secularizou-se totalmente a ideia do fim do mundo. Não só Deus pode pôr termo à história humana, como sempre se creu; o homem mesmo pode decidir sobre sua sobrevivência e a do planeta que o acolhe. Um desfecho dramático e absurdo para todos pode tornar-se realidade em questão de semanas. É nesse contexto que o cristão haure do tesouro de sua fé uma esperança para além da catástrofe. Por sobre os escombros da trajetória pessoal de um homem – Jesus de Nazaré –, irrompeu a forma suprema de vida humana. A ressurreição quer traduzir esse acontecimento de todo surpreendente.

1 A morte não tem mais a última palavra

O cristianismo vive e sobrevive por causa da fé nessa ressurreição de Cristo. Aqui tudo se decide. Paulo o diz com todas as palavras na sua carta aos coríntios: "Se Cristo não ressuscitou [...] é vã a nossa fé [...]. Seremos também falsas testemunhas [...]. Somos os mais miseráveis de todos os homens" (1Cor 15,14.15.19). Agora, se Cristo ressuscitou, então a morte não tem mais a última palavra. Cristo é o primeiro na fila dos ressuscitados; nós ressuscitaremos com Ele. A explosão de luz se transforma em explosão de alegria. Contra a experiência diuturna da mortalidade e contra seus filósofos podemos, ridentes, retrucar: não vivemos para morrer, pois morremos para ressuscitar!

Como certificar, com o maior rigor possível, a verdade desse evento único na história dos homens? Importa garantir as razões da jovialidade e assegurar os fundamentos dessa incrível esperança. Não admira, pois, que os textos referentes à ressurreição de Cristo no Novo Testamento tenham sido submetidos à exaustão da análise filológica, histórico-crítica, estruturalista, etc. Dada a complexidade dos próprios testemunhos, os resultados não são muito animadores, mas suficientemente firmes para sustentarem, face às exigências da razão e do ceticismo histórico, as afirmações da comunidade cristã.

Em termos extremamente reduzidos, podemos dizer: a fé na ressurreição se funda no testemunho dos apóstolos que atestam dois elementos: o sepulcro vazio e as aparições de Jesus vivo. Ninguém viu o fenômeno da ressurreição, apenas Jesus já ressuscitado. O sepulcro vazio sozinho não constitui prova contundente da ressurreição; de si ele permite várias interpretações, uma delas recolhida nos próprios textos do Novo Testamento, aquela do rapto do corpo (cf. Mt 28,13).

O fundamento da fé na ressurreição são as aparições do Ressuscitado aos discípulos. Não se trata de visões que podem ser extrojeções subjetivas dos interessados em Jesus, mas de reais aparições, vale dizer, de uma ação que vem de Jesus e atua sobre os discípulos, causando-lhes impacto e surpresa, como uma realidade que os ultrapassa por todos os lados. A força das aparições tirou as ambiguidades do sepulcro vazio e fez com que ele também se transformasse em sinal atestador do evento ressurreição. Inicialmente os autores do Novo Testamento tentaram domesticar, conceptual e linguisticamente, esse evento de infinito sentido, mediante o recurso de duas categorias recorrentes nas teologias do tempo de Jesus: aquela da exaltação e aquela outra da ressurreição.

No judaísmo pós-exílico, havia a ideia do justo sofredor, perseguido e humilhado pelos homens, mas exaltado e elevado por Deus em glória. Dentro desse quadro teórico, entendeu-se a vida nova de Jesus como exaltação por parte de Deus daquele que se humilhou a si mesmo e foi, corajoso, ao encontro da cruz e da morte. Nos discursos de São Pedro, nos Atos dos Apóstolos, podemos encontrar expressões assim: "Vós o matastes [...], contudo foi elevado à direita de Deus" (At 2,23.33). Mais adiante continua: "Deus o exaltou à sua destra como Chefe e Salvador" (At 5,31; 3,13-15).

A fé na vida nova de Jesus foi interpretada ainda por uma outra categoria de pensamento, a ressurreição. Esperava-se, em largos estratos do judaísmo tardio, a ressurreição dos mortos para o final dos tempos. Os discípulos viram na ressurreição de Jesus o começo do fim e a realização de um fato escatológico (referente à plenitude dos tempos): a transfiguração completa da vida terrestre espírito-corporal do crucificado. Essa interpretação do evento da vida gloriosa de Jesus em termos de ressurreição foi lentamente recalcando a primeira categoria da exaltação, pois esta, em face das negações do evento da transfiguração por parte dos judeus e também por parte dos gregos, mostrava-se insuficiente e pouco adequada. Usando-se a categoria ressurreição, tinha-se a vantagem de acentuar a real transfiguração da realidade terrestre (também corporal) de Jesus. Daí o credo, certamente mais primitivo, rezar assim: "O Senhor ressuscitou verdadeiramente e apareceu a Simão" (Lc 24,34). A análise rigorosa dos textos fundadores permite concluir que a ressurreição de Jesus não é nenhum produto da fé da comunidade primitiva, mas testemunho de um impacto vindo do Jesus transfigurado que se impôs aos discípulos; não se trata de nenhuma criação teológica de alguns entusiastas pela pessoa do Nazareno, mas atestação de fenômenos extraordinários acontecidos após a crucificação e que obrigou os discípulos a confessar: Jesus, para nossa perplexidade e espanto, ressuscitou de verdade!

2 Ressurreição: uma utopia realizada

Assegurado o evento da fé, que significa a ressurreição no contexto da trajetória e da crucificação de Jesus? Resumidamente podemos dizer: assim como a morte e a cruz são consequência de um tipo de vida levada por Jesus, assim também a ressurreição significa a plenificação de um sentido e de uma vida realizados pelo Jesus terrestre. A ressurreição torna verdade plena sua vida e comprova exaustivamente sua mensagem acerca do reino.

Um homem se levanta na Galileia. Jesus de Nazaré, lentamente revelado como Deus na condição humana, ergue sua voz e anuncia: "Esgotou-se o prazo de espera. O romper da nova ordem, querida por Deus, está próximo. Mudem de pensar e de agir. Creiam nessa alvissareira notícia" (tradução livre de Mc 1,15; Mt 4,17).

Com essa mensagem, Jesus assume o utópico presente em cada coração: a superação definitiva deste mundo alienado e assujeitado. Reino de Deus é a palavra geradora do profeta de Nazaré, encontrável 122 vezes nos evangelhos e noventa na boca de Jesus. Significa, no código de nossa compreensão secular, uma revolução total e estrutural dos fundamentos deste mundo, introduzida por Deus.

Reino de Deus não significa tanto algo de interior ou espiritual, ou mesmo algo que vem de fora ou de cima ou que se deva esperar fora deste mundo ou depois da morte. Não pode ser privatizado em alguma região do homem como seja sua alma, os bens espirituais ou a Igreja. Reino de Deus constitui uma realidade omnienglobante, que abarca toda a realidade humana e cósmica que deve ser libertada de todo pecado – pecado da pobreza, da fome e da desumanização; pecado do espírito de vingança; e pecado da recusa de Deus.

Mas não só. Toda essa realidade humana e cósmica deve ser também libertada para a sua plenitude que olho algum jamais viu, ouvido algum jamais ouviu e coração algum jamais sonhou. Daí devemos retamente entender a palavra de Jesus: "Meu reino não é deste mundo" (Jo 18,36), vale dizer, não é das estruturas deste mundo de pecado, mas de Deus em sentido objetivo: é Deus que irá intervir (através das mediações que escolher) e sanar, em sua raiz, a realidade total, elevando este mundo de velho em novo.

Os portentos de Jesus, mais que comprovar sua divindade, visam dar mostras de que esse reino está em curso na história; há um mais forte que vence o forte; a utopia se antecipa em momentos de uma libertação tópica que apontam para uma liberdade perfeita do homem e de seu cosmos. Elemento essencial da realidade do reino é a liquidação da morte, pois ela é o maior inimigo do homem em sua ânsia de realização e plenitude. Com razão, São João substitui a temática jesuânica do reino por aquela da vida eterna.

A rejeição de Jesus e de sua mensagem obstaculizou a realização do reino. Mas Deus, que triunfa na fraqueza e na fragilidade humanas, concretizou o reino na realidade de Jesus. Nele a utopia se tornou topia. A vida que nele se manifestava como doação irrestrita, intimidade com Deus, amor e fidelidade até a morte não foi tragada pela morte; atravessou os infernos de nossa condição e irrompeu na força de uma transfiguração a que chamamos ressurreição. São Paulo bem o compreendeu quando feliz exclama: "Ó morte, onde está a tua vitória? Onde está o espantalho com que amedrontavas os homens? [...] A morte foi tragada pela vitória de Cristo" (1Cor 15,55).

Sem a ressurreição, Cristo seria certamente um homem admirável, um profeta que escolheu o caminho mais difícil na defesa da causa dos oprimidos e entregou sua vida para uma maior esperança. Mas seria só admirável. A cruz seria o seu termo. Com a ressurreição, comprova-se a verdade da utopia: não a morte, mas a vida é a derradeira palavra que Deus pronunciou sobre o destino humano. Jesus é então adorável.

O nosso futuro está aberto, e a trajetória histórica de vida-morte possui um fim bom, já garantido e antecipado no coração do processo. Com isso, entrou para a consciência humana o que o mundo antigo todo não conhecia: o sorriso da esperança. O mundo pagão conhecia, sim, as gargalhadas de deus Pan ou de Baco ou a algazarra de Dionisio embriagado. Retratou o sorriso triste de quem vive sob a Moira ou o Fatum. Mas não conhece o sorriso de quem já ultrapassou a morte e goza das primícias da vida eterna. O que é presente atual para Ele, é futuro próximo para todos nós. Assim Jesus pode ser anunciado e crido como o *novissimus Adam* (cf. 1Cor 15,45), o homem novo que finalmente emergiu das borras da história.

3 A vida é chamada para a vida

Que relevância possui a ressurreição para o fenômeno humano? O evento ressurreição vem responder a indagações fundamentais da existência. Que é a vida? Qual o futuro dela? A ressurreição projeta uma luz explicadora sobre questões tão vitais. Se olharmos ao nosso derredor, constatamos o domínio férreo da morte; tudo vive, mas também chega o momento em que tudo começa a envelhecer, deteriorar-se e, por fim, morre.

A vida, apesar de sua mortalidade, é um mistério. Quem no-lo repete continuamente são os próprios cientistas. Podemos estudar as condições de vida, mas ela mesma permanece uma realidade aberta e desafiante. É verdade que onde há vida sempre ocorre uma troca de matéria para se ganhar energia e multiplicação como forma de conservação. Mas tudo conhece seu limite, apesar de formas muito inferiores de vida manterem-se vivas por milhares e milhares de anos.

Assim, por exemplo, na pele de uma elefanta mamute, que há mais de dez mil anos se congelou na Sibéria, foram encontradas bactérias ainda capazes de revivificação. Em muitos campos de sal mineral, descobriram-se bactérias, há milhares e até milhões de anos fixadas vitalmente (que ainda não morreram), podendo ser reconduzidas à vida ativa. É comum hoje em dia que bactérias sejam submetidas a baixíssimas temperaturas e assim conservadas, sem necessidade de alimento ou de multiplicação, por mais de quarenta anos e depois novamente reativadas com todas as suas funções vitais. Não obstante, também para o ser mais velho, chega o dia em que morre.

Para o homem, a morte sempre constituiu um drama e uma angústia. Tudo em seu ser clama por vida em plenitude, e contudo não pode deter os mecanismos de morte. São Paulo podia exclamar: "Quem me libertará deste corpo de morte?" (Rm 7,24). E respondia: "Graças a Deus, por Nosso Senhor Jesus Cristo!" (v. 25).

Nessa exclamação reside a chave interpretativa cristã do drama humano. Em alguém, a vida que grita por vida triunfou e manteve sua força contra os bafejos da morte. É o sentido da ressurreição para o fenômeno humano. Não se diz que, simplesmente, sobreviveremos. As grandes filosofias sempre ensinaram isso. Diz-se que a vida mortal do homem não morre definitivamente, que nela é possível uma plenificação tão densa e perfeita que a morte não consegue penetrar e realizar a sua obra de destruição. A nossa alegria reside na certeza de que esse evento de doçura não se restringe somente a Cristo, mas à luz de sua ressurreição descobrimos que toda vida vai herdar também a sua ressurreição. A angústia milenar desaparece, sossega nosso coração. A vida é chamada para a vida, pois este é o desígnio de seu Criador.

4 O ser humano morre para ressuscitar

O Novo Testamento aqui e acolá acena para a ressurreição dos homens antes mesmo do termo final da criação. O diálogo de Jesus com Maria acerca da morte de Lázaro é ilustrativo. Jesus garante a Maria: "Teu irmão ressuscitará" (Jo 11,23). Maria, que se move no horizonte do Antigo Testamento, pois ali se admitia a ressurreição na consumação dos tempos, responde corretamente: "Sei que ele há de ressuscitar na ressurreição do último dia" (Jo 11,24). Jesus faz a passagem para o Novo Testamento com a revelação de uma novidade: "Eu sou a ressurreição e a vida. Quem crer em mim, ainda que esteja morto, viverá" (Jo 11,25).

Portanto, Jesus traz o evento da ressurreição para dentro da nossa história ainda em curso. Crer em Jesus, especialmente no Novo Testamento, não significa apenas aderir à sua pessoa e mensagem. É viver o mesmo modo de ser que Ele viveu. Por isso, se homens vivem na doação, gerando relações fraternas, sabendo superar os mecanismos de vingança, abrindo-se ao Mistério sem nome que nós, cristãos, chamamos Deus, então estes se encontram penetrados pelos dinamismos da ressurreição. Morrendo, libertam toda a força da vida.

Na morte de um homem assim, um fragmento do mundo e da história chega à sua plenitude. "O homem ressuscita", repete-nos um renomado professor da Universidade Gregoriana de Roma, Juan Alfaro, citando um conhecido teólogo católico, G. Greshake,

> não como espírito puro, mas em sua existência concreta, selada por suas decisões livres realizadas na transformação do mundo; em sua ação livre sobre o mundo plasmou concretamente seu próprio espírito em contato com o mundo e com a história. A morte do homem representa algo para o próprio Deus: em cada fragmento novo de mundo e de história, finalizado no homem (em sua morte), Deus estende cada vez mais seu domínio, vai tomando possessão definitiva do mundo e da história.

É a ressurreição no exato momento da própria morte. Ela não se dá somente nesse momento último; aqui ela se mostra irrompendo. Mas ela constitui um processo de vida dentro da própria mortalidade. Sempre que na vida mortal triunfar a bondade sobre os instintos de ódio, sempre que um coração se abre a outro coração, sempre que se constrói uma atitude justa e se cria espaço para Deus, aí se vai instaurando a ressurreição. A morte apenas liberta as sementes e então explodirá e implodirá a ridente florada da vida.

5 Como seria uma vida ressuscitada?

Como seria propriamente uma vida ressuscitada? Para respondermos a essa indagação, precisamos olhar o único evento que nos foi mostrado, o Cristo ressuscitado. Primeiramente se trata de uma vida verdadeiramente humana. É o mesmo ser – no caso, Jesus – que é entronizado na vida plena. É aquele que andou entre nós fazendo o bem, o crucificado. Na vida ressuscitada, tanto o "corpo" quanto a "alma" são conservados e transfigurados. Não se trata, portanto, apenas de uma imortalidade espiritual, para uma parte do homem. Todo o ser humano e o ser humano todo é introduzido na vida transfigurada.

Em segundo lugar, temos a ver com uma vida nova. Não se diz outra vida, mas vida nova, pois Deus é aquele que tem o poder de mudar o novo em velho e o morto em vivo. São Paulo o diz explicitamente quando aborda essa questão: "É preciso que este corpo corruptível se revista de incorrupção e que este ser mortal se revista de imortalidade" (1Cor 15,53). Portanto, a ressurreição introduz uma transfiguração da vida mortal.

Em terceiro lugar, trata-se de uma vida plena. Que é para o ser humano a plenitude da vida? A plenitude da vida acontece ou acedemos a ela, quando os dinamismos latentes todos da vida se expressam e se ativam. O dinamismo fundamental da vida, também daquela de ordem inferior, é o da troca, do dar e do receber, da comunhão. No ser humano, viver significa, simplesmente, comungar, entrar em relação com todos os seres, potenciar ao máximo a abertura que já agora atualiza.

Na vida presente, podemos realizar formas altas de comunhão e participação. Pelo corpo expressamo-nos, fazemo-nos presentes uns aos outros; pelo pensamento e pelo amor penetramos até na intimidade do outro e instauramos laços de profunda unidade. Mas sempre topamos também com obstáculos inarredáveis à comunhão. O corpo, certamente, é o grande veículo de presença, é a própria presença. Mas, ao mesmo tempo, é um obstáculo à comunhão, porque não podemos estar simultaneamente em todos os lugares; precisamos do espaço e do tempo para nos locomovermos e fazermo-nos presentes aos outros em outros lugares. O corpo não é translúcido: comunicamo-nos geralmente por palavras, sinais, gestos, um universo de símbolos que guardam inevitável ambiguidade. O ideal seria, e esta é a nossa suprema aspiração, superarmos todos esses empecilhos à comunhão e sermos totalmente transparentes uns aos outros. A utopia do coração consiste em desejar penetrar na intimidade de todas as coisas e viver com o universo inteiro uma fraternidade radical.

Ora, a ressurreição deve ser representada como a realização completa e exaustiva dessas potencialidades presentes dentro de nossa vida humana. Pela ressurreição o ser humano desabrocha totalmente: os botões de fraternidade, de abertura terna para com os outros, enfim se abrem, e madura, finalmente, a plenitude da vida no Reino do Pai.

6 O algoz não triunfa sobre a vítima

Há ainda uma questão da existência social do ser humano que atormenta o espírito e para a qual a ressurreição do crucificado traz um raio de luz: Que sentido tem a morte violenta dos que se empenharam pela causa da justiça? Que futuro têm aqueles proletários, camponeses, índios e anônimos que historicamente foram crucificados por reivindicarem seus direitos? Geralmente a história é contada pelos que triunfaram e na perspectiva de seu triunfo. O sofrimento dos vencidos, quem o pagará?

Ora, quem ressuscitou foi um desses derrotados e crucificados, Jesus, Servo sofredor. Não foi um César no auge de sua glória, nem um general no apogeu de seu poderio armado, nem um sábio na culminância de sua fama quem herdou as primícias da vida ressuscitada. Não faz sentido que um homem empenhado pela justiça, especialmente dos pobres, seja barbaramente eliminado. Os arrivistas, os que detêm o monopólio do poder, do ter e do saber não podem definir o quadro final da vida de uma pessoa nem o sentido derradeiro dos fatos.

Ora, pela ressurreição mostrou-se que Deus tomou partido pelos crucificados. O algoz não triunfa sobre sua vítima. Deus ressuscitou a vítima e com isso não defraudou nossa sede por um mundo, finalmente, justo e fraterno. A insurreição contra as injustiças confere um sentido novo à ressurreição.

Da mesma forma, nossa sede de vida não se defrauda caso venha a ocorrer um holocausto coletivo da humanidade. A destruição da espécie humana, a aniquilação das culturas, o definhamento da natureza viva não é a última destinação da Terra. Tal desastre não impede a chegada da destinação verdadeira intencionada por Deus. O caminho apresenta-se de fato dramático, mas não se torna fatalmente trágico, como no caso da trajetória pessoal de Jesus de Nazaré. O Apocalipse, após descrever as tribulações do fim, conclui com um hino de vitória: "Grandes e admiráveis são tuas obras, Senhor Deus todo-poderoso. Justos e verdadeiros os teus caminhos, Rei das nações" (15,3). A partir do fim feliz, todos os caminhos que a Ele conduziram, por mais dramáticos e atormentados que possam ter sido, acabam aparecendo como bons. O cristão não deixará de lutar por todos os meios para evitar um apocalipse intra-histórico produzido pela excessiva arrogância dos poderosos (*hybris*), mas não lhe é permitido desesperar como se, para além disso, nada mais houvera. A sua visão é aquela do livro da Revelação: "Eu vi um céu novo e uma terra nova, porque o primeiro céu e a primeira terra haviam desaparecido" (21,1). Portanto, o desaparecimento deste velho mundo abre espaço para um novo, no qual finalmente Deus morará com os homens e os homens serão comensais de Deus, para sempre seus filhos (cf. Ap 21,7).

Concluamos: em Jesus ressuscitado, Irmão de nossa raça humana atormentada, descobrimos a realização da utopia mais radical, cujas raízes se encontram nos sonhos mais arquetípicos de nosso inconsciente coletivo. Para os que podem crer, tudo isso não é mais utopia nem mais pura esperança; é evento histórico, herança para cada pessoa justa e destinação última da terra que, entre tremor e temor, defendemos e amamos[1].

---

1. O autor abordou essas questões de forma mais aprofundada em nível exegético, antropológico e teológico em: *Vida para além da morte*. Petrópolis, 1983; *A ressurreição de Cristo* – A nossa ressurreição na morte. Petrópolis, 1984.

10
São Francisco de Assis: pai espiritual da Teologia da Libertação

O que caracteriza a Igreja latino-americana de forma mais perceptível é sem dúvida a opção preferencial e solidária pelos pobres contra a sua pobreza. Há uma profunda fé no povo pobre. Essa fé, além de garantir a dimensão suprema da promessa de salvação eterna, significa uma motivação fortíssima de contestação da realidade iníqua sofrida pelos pobres e de libertação para formas de convivência mais participadas e geradoras de vida. Conquistou-se vastamente a consciência de que não bastam mais as soluções tradicionais derivadas da fé cristã: socorrer paternalisticamente o pobre Lázaro e fazer do rico epulão um bom rico. Importa ir além das reformas sociais, embora estas devam sempre ser cobradas; urge caminhar na direção da libertação desse tipo de sociedade em vista de uma sociedade mais circular e igualitária. Esse projeto deve partir daqueles estratos mais interessados nas mudanças histórico-sociais, os oprimidos e seus aliados. A centralidade do pobre é fundamental para a correta prática e compreensão libertadoras.

Nesse contexto avulta a figura de São Francisco de Assis. Na América Latina, ele se transformou num arquétipo da alma popular. Vem representado de mil formas e emprestou seu nome a um sem-número de lugares, de cidades e de igrejas. Nele os cristãos latino-americanos veem principalmente o Poverello, aquele que amava os pobres e se fez um deles. Na verdade, São Francisco de Assis se apresenta como o patrono da opção preferencial pelos pobres. Nunca alguém na história da Igreja tomou tão a sério a solidariedade, mais ainda, a identificação com os pobres e com o Cristo pobre. Vale a pena voltar à sua vida e exemplo para enriquecer as intuições da Igreja latino-americana (e também mundial) acerca de sua missão libertadora no meio dos pobres e, a partir deles, junto a todos os homens.

Não queremos reduzir a eficácia da figura de São Francisco ao seu aspecto individual, que fala continuamente às pessoas, tomadas em suas inspirações íntimas. Tentaremos avançar mais e enfatizar a evocação comunitária e eclesial que a prática de São Francisco pode animar nos dias de hoje.

1 A pobreza do Terceiro Mundo como desafio para todos

Todas as sociedades atuais estão enredadas num imenso processo mundial de desenvolvimento que é profundamente desigual e ao mesmo tempo associado[1]. As antigas metrópoles dos impérios coloniais

---

1. Uma boa introdução ao tema se encontra em NEGRE, P. *Sociologia do Terceiro Mundo*. Petrópolis: Vozes, 1977.

apresentam-se como desenvolvidas, pois foram as primeiras a chegar aos meios do desenvolvimento: à ciência, à técnica e ao acesso das riquezas naturais, onde quer que se encontrassem. As ex-colônias constituem hoje o cinturão dos países subdesenvolvidos, geralmente ex-colônias. Entre desenvolvimento de um lado e subdesenvolvimento de outro, vigoram laços causais. Pobreza e riqueza jamais existiram justapostas. Por sua própria natureza histórica, uma está ligada à outra e vive da outra. Atualmente, as relações entre os países ricos (geralmente localizados no Norte) e os países pobres (situados no Sul) não são de interdependência, mas de verdadeira dependência econômica, política, ideológica e, em certos casos, até religiosa. Os países pobres são mantidos no subdesenvolvimento; por mil formas, procura-se convencer os pobres de que serão sempre pobres e de que sua salvação reside em sua composição e lealdade ao bloco dos países desenvolvidos.

A análise mostra de forma convincente[2] que os benefícios do imenso processo de desenvolvimento são apropriados pelos países já ricos ou, nos países pobres, por aquelas classes sociais igualmente ricas e associadas às classes dominantes dos países ricos; os malefícios, no entanto, são debitados na conta dos países pobres (na verdade empobrecidos) e dos setores carentes da população de cada país periférico.

---

2. Cf. um bom resumo em ARROYO, G. Pensamento latino-americano sobre desenvolvimento e dependência externa. In: *Fé cristã e transformação social na América Latina*. Petrópolis: Vozes, 1977, p. 270-283.

Esse tipo de relação dissimétrica e injusta produz no Terceiro Mundo um processo crescente de pauperização por parte das grandes maiorias. O Papa Paulo VI o denunciou na *Populorum Progressio* (1967, n. 7-8) e na *Evangelii Nuntiandi* (1975, n. 50). O documento dos bispos latino-americanos em Puebla renova a denúncia com palavras verdadeiramente proféticas (n. 28-50). A pobreza não se restringe ao seu aspecto principal e dramático, aquele material, mas desdobra-se em pobreza política pela exclusão da participação social, em pobreza cultural pela marginalização dos processos de produção de bens simbólicos e também em pobreza espiritual pelo embotamento e brutalização a que a luta pela subsistência condena grandes estratos da sociedade. Essa situação ofende a Deus e humilha os seres humanos. Os gritos de protesto, as blasfêmias e lamúrias desesperadas dos oprimidos são orações que Deus escuta.

A pauperização gera, por sua vez, a massificação dos seres humanos. O povo deixa de existir como aquele conjunto articulado de comunidades que elaboram sua consciência, conservam e aprofundam sua identidade, trabalham por um projeto coletivo, e passa a ser um conglomerado de indivíduos desgarrados e desenraizados, um exército de mão de obra barata e manipulável de acordo com o projeto da acumulação ilimitada e desumana. O *ethos* capitalista de produção/consumo, de individualismo, da concorrência em tudo, do materialismo prático, destrói valores da alma popular, dando origem a uma subcultura da pobreza, sem identidade e sem energia criadora.

Essa situação provoca um modelo político altamente autoritário. Como governar uma massa desestruturada? Como segurar a areia nas mãos? Somente com a mão fechada pode-se segurar a areia por entre os dedos e nas mãos. Em outras palavras, somente mediante formas de governo autoritárias e ditatoriais pode manter-se um mínimo de coesão e abafam-se os gritos ameaçadores que vêm da pobreza. Ora, a pauperização e a massificação deram origem ao Estado de Segurança Nacional[3]. Ele possui, fundamentalmente, duas funções: uma, a de garantir com segurança os ganhos do capital; e outra, a de manter sob controle forte a possível mobilização dos oprimidos que buscam mudanças sociais. Nota-se, em grande proporção no Terceiro Mundo, a negação da crença segundo a qual a democracia acompanha o desenvolvimento. O que verificamos é um inegável crescimento elitista com a eliminação da democracia. Cria-se até a convicção de que, para garantir o desenvolvimento, necessita-se suprimir a democracia[4]. A segurança nacional do capital e dos interesses dominantes predomina sobre os interesses coletivos. Daí o caráter profundamente antipopular dos regimes de segurança nacional.

Como reagiu a Igreja face a uma tal situação?

---

3. Cf. a importante obra de MONTEALEGRE, H. *La seguridad del Estado y los derechos humanos*. Santiago: [s.e.], 1979.

4. COMBLIN, J. *O tempo da ação*: ensaio sobre o Espírito e a história. Petrópolis: Vozes, 1982, p. 341-344.

2 A Igreja solidária com a libertação dos pobres

Nas partes do Terceiro Mundo, como na América Latina, onde a Igreja tem uma presença secular e capilar na sociedade, verificou-se, a partir de 1960, um forte compromisso de denúncia das injustiças sociais e de participação nos processos de mudança e de libertação[5]. Em primeiro lugar, os setores hegemônicos da Igreja se tornaram o grande fator de promoção humana na alfabetização, na saúde, no ensino e na organização popular. Mas bem cedo se deram conta de que só o desenvolvimento não libertava o povo, mas que era feito às custas do sacrifício do povo. Lentamente, na medida em que se detectavam melhor os mecanismos produtores de acumulação de um lado e de miséria de outro, a Igreja foi mudando de prática e de discurso. Compreendeu que o sujeito da mudança necessária tem que ser o próprio *povo organizado*, consciente e unido. Por isso, a partir de Medellín (1968) e mais decididamente de Puebla (1979), fala-se de *libertação integral*.

A Igreja, na sua oficialidade episcopal, fez uma opção solidária pelos pobres e pela sua libertação. Não anuncia generosidade aos ricos e resignação aos pobres, mas aos primeiros conversão e aos outros libertação. A opção preferencial e solidária pe-

---

5. BOFF, L. *O caminhar da Igreja com os oprimidos*. Rio de Janeiro: [s.e.], 1980.

los pobres implicou, em primeiro lugar, para a Igreja uma conversão de lugar social. Procurará olhar a sociedade e seus conflitos a partir da ótica e da causa das grandes maiorias. Aí aparece como prioritária a dimensão de mudança estrutural para propiciar a realização da justiça necessária para a paz social. A partir dos pobres descobre a dimensão libertadora do Evangelho, que fala de um reino que começa já nesta terra sempre que se faça mais justiça e se construa mais fraternidade na sociedade.

Em segundo lugar, a opção preferencial e solidária pelos pobres significou um esforço de propiciar a eles construir a Igreja.

Optar pelos pobres, em termos eclesiais, implica permitir que eles, assim como são com sua cultura, com sua religiosidade, com sua maneira de entender e enfatizar dimensões do Mistério cristão, criem suas comunidades de base. Foi exatamente assim: no momento em que a Igreja assumiu mais fortemente a causa dos pobres, surgiram as Comunidades Eclesiais de Base. Estas devem ser corretamente entendidas. São mais do que instrumento de evangelização; são mais do que uma penetração da pastoral paroquial nos meios populares. Na verdade, as comunidades cristãs de base são a própria Igreja se realizando na base[6]. É o povo crente e po-

---

6. Circulam quatro conceitos de *base*: 1) base como pequeno grupo; 2) base como o que está na base da sociedade (pobreza) ou da Igreja (leigos); 3) base como o que vem de baixo; 4) base como o básico e o essencial (o Evangelho).

bre que se reúne ao redor da Palavra, para saciar a sua fome de Deus, discutir seus problemas e iluminar sua paixão à luz dessa Palavra e, juntos, organizar uma prática de libertação das opressões concretas que vivem.

É no meio dessas comunidades cristãs que se vive uma espécie de alternativa ao sistema debaixo do qual todos sofremos; nelas a palavra livre circula entre todos; o poder é verdadeiramente serviço ao bem de todos e a comunidade é sujeito e não simplesmente objeto da história.

As Comunidades Eclesiais de Base ajudaram a grande Igreja e a vida religiosa, também franciscana, a deslocar-se do centro para a periferia. Existem grupos significativos de cristãos, de religiosos e religiosas e inclusive de bispos e cardeais que compartilham a vida do povo simples, mostrando uma forma nova de ser solidário e de ser pastor.

Como expressão teórica dessa prática nova nascida dos pobres, elaborou-se a Teologia da Libertação. Ela quer ser o momento de iluminação do caminhar da Igreja com os pobres, seu momento reflexivo, a elaboração mais sistemática do discurso da fé dos padres com o discurso da sociedade a partir da perspectiva dos pobres.

No interior da Igreja libertadora já se fez a seguinte evidência: a pobreza que caracteriza nossos países não é fatal nem é querida por Deus; é "produto de determinadas situações e estruturas econômicas, sociais e políticas [...] que produzem ricos cada vez mais ricos às custas de pobres cada vez mais pobres" (Puebla, n. 30). Não basta condenar essa pobreza *moralmente*; a estratégia de sua superação exige mais que caridade e assistência às vítimas do desenvolvimento. A pobreza como fenômeno global, assim como foi feita, pode e deve ser desfeita. O que importa é superá-la, portanto, *historicamente*, por meio de uma reestruturação de toda a sociedade na qual o homem não necessite explorar outro homem, mas seja amigo e companheiro do outro homem. Para essa imensa tarefa histórica, a fé cristã pode ser um dos fatores importantes de mudança e de surgimento (nascimento) de mais justiça para os oprimidos. Nesse contexto, a figura de São Francisco ganha uma relevância inconfundível[7]. Dom Helder Câmara o considera o patrono da opção preferencial da Igreja pelos pobres.

3 Francisco identificado com os pobres: Poverello

Francisco é um homem do seu tempo, e sua *forma de vida* é uma resposta aos desafios sentidos no mundo em que lhe tocou viver. Mas o seu sentido

---

[7]. Escreve COMBLIN, J. em *O tempo...* Op. cit., p. 188: "Francisco de Assis é o 'santo' mais popular do Ocidente. Retoma por sua conta todos os movimentos de pobres anteriores e, depois, fará sentir sua presença junto a quase todos os fundadores. De certo modo, ele é a encarnação do cristianismo em terras de cristandade. Ele encarna o Evangelho puro. E sua Regra, baseada unicamente no Evangelho, é como se fosse a encarnação da anticristandade. Nele se expressa a alma dividida do cristão na cristandade: fiel à Igreja e rechaçando tudo o que o vincula à vida concreta desta Igreja, o seu estilo de riqueza".

não se restringe ao quadro histórico do século XIII; não é uma fonte de águas mortas, mas de águas vivas que geram sentido para nossos problemas de hoje. Ele é uma fonte de inspiração para a Igreja e de alento para os pobres que buscam a sua libertação[8]. Enfatizaremos alguns aspectos da vida e da espiritualidade de São Francisco que mais falam à nossa condição de cristãos do Terceiro Mundo.

a) Conversão como mudança de classe social

Francisco pertencia à classe burguesa emergente da crise feudal com seu modo de produção servil. Já adulto, exercia a profissão do pai, "vivendo num ambiente marcado pela desenfreada cobiça dos comerciantes e dedicado aos negócios lucrativos do comércio"[9].

Como em todas as grandes decisões importantes, anuncia-se primeiramente uma crise: "começa a pensar em si mesmo de maneira diferente" e "nada mais o satisfaz"[10]. Simultaneamente dá mostras de "afetuosidade notável, de uma generosidade e compaixão extraordinárias para com os pobres"[11]. Começa uma vida para os pobres, dando da riqueza familiar. Com a ruptura do pai, conta-nos Celano,

---

8. Cf. BOFF, L. *São Francisco de Assis*: *ternura e vigor* – Uma leitura a partir dos pobres. Petrópolis: Vozes, 1981.

9. SÃO BOAVENTURA. *Legenda maior* I, 1.

10. CELANO, T. de. I, 17.

11. SÃO BOAVENTURA. *Legenda menor*, 2; CELANO, T. de. I,17.

começou a viver com os pobres[12]. Como se nota, ele abandona o seu lugar social e identifica outro, de outra classe. Ao escutar o Evangelho do envio dos discípulos a pregar (cf. Mt 10,7-10; Mc 6,8-9; Lc 9,1-6), radicaliza sua opção; já não vive para, nem com, mas como os pobres, identificando-se com eles. Celano o expressa com precisão: "O pobre Francisco, pai dos pobres, queria viver em tudo como um pobre; não se sentia tranquilo quando via outro mais pobre do que ele"[13].

Aqui aconteceu uma mudança de classe social tão bem expressa no Testamento pela fórmula *exivi de saeculo*: saí do mundo. Aqui mundo não tem sentido cosmológico ou moral, mas social: o conjunto de relações que constituem uma sociedade concreta[14]. Francisco abandonou o sistema do tempo, tanto social como religioso. Não o fez mediante uma estratégia teórica e prática da consciência, da crítica institucional, formulando verbalmente uma alternativa, pondo em marcha um modelo novo. Esse tipo de procedimento é próprio da nossa epocalidade, não da de São Francisco. Não obstante isso, importa captar o significado dessa saída do sistema. Em termos de nossa linguagem analítica, tal atitude corresponde à do revolucionário e não à do reformador e do agente do sistema vigente. O reformador reproduz o siste-

---

12. CELANO, T. de. Op. cit.

13. Ibid., 76; cf. 51; 55; 119; 135.

14. Para os vários sentidos de mundo em São Francisco, cf. KOPER, R. *Das Weltverständnis des hl. Franziskus von Assisi*. Werl/Westf, 1959.

ma, introduzindo apenas correções aos abusos por meio de reformas. O sentido analítico (não o da linguagem vulgar) de revolucionário implica uma fantasia criadora para projetar e viver algo ainda não ensaiado. Francisco é revolucionário nesse sentido, pois começou a fazer o seu próprio caminho, como o expressa no Testamento: "Ninguém me ensinou o que eu devia fazer". O que faz representa uma crítica radical às forças dominantes do tempo"[15].

Ante o sistema feudal centralizado "nos maiores", Francisco se apresenta como "menor". Diante da burguesia organizada sob o eixo da mais-valia, Francisco se propõe o ideal da pobreza radical e da renúncia total ao uso do dinheiro. Frente à Igreja, sob a hegemonia do sacerdócio (clericalismo), ele se apresenta como leigo; embora sendo mais tarde diácono, não estava ligado a nenhum benefício, pois considerava-se *frater* sem qualquer título hierárquico.

Deixou um lugar e definiu outro com o qual se identificou: "O Senhor me conduziu entre os leprosos e tive *misericórdia para com eles*". Não optou simplesmente pelos pobres, mas pelos mais pobres entre os pobres, os leprosos, aos quais chamava carinhosamente "meus irmãos cristãos" ou "meus irmãos em Cristo"[16].

---

15. Cf. ROTZETTER, A. "Kreuzzugskritik und Ablehnung der Feudalordnung in der Gefolgschaft des Franziskus von Assisi". *Wissenschaft und Weisheit* 35, 1972, p. 121-137. • SILVEIRA, I. São Francisco e a burguesia. In: *Nosso irmão Francisco de Assis*. Petrópolis: Vozes, 1975, p. 11-63.

16. *Espelho da perfeição*, 58.

Não é sem sentido observar que no preciso momento em que começava a nascer a burguesia, classe que historicamente vai realizar o grande projeto capitalista que trouxe tantas injustiças, nascia também a sua negação dialética com a conversão de Francisco aos pobres e a Cristo.

No famoso capítulo IX de sua Regra não bulada, diz aos seus irmãos que "devem sentir-se satisfeitos convivendo com gente comum e desprezada, os pobres e os fracos, os doentes, os leprosos e os mendigos dos caminhos".

Visto a partir do sistema vigente, seja feudal, seja burguês, o caminho de Francisco aparece como uma loucura. O Poverello tem uma consciência clara disso: "O Senhor me disse que queria que eu fosse um novo louco no mundo"[17]. Mas essa "loucura" funda uma nova forma de convivência, abre a possibilidade de um mundo novo no qual os homens podem sentir-se mais irmãos.

b) Negação do princípio do sistema capitalista

Francisco intuiu, provavelmente de maneira não reflexiva, que o eixo da nova sociedade nascente (burguesia) estava radicado na apropriação baseada na expropriação. Seu ideal era, na fórmula boaventuriana, viver em *altíssima pobreza e humilde men-*

---

[17]. *Legenda Perusina*, 114; *Espelho da perfeição*, 68; *Legenda maior*, XI, 3.

dicância?[18] A renúncia à apropriação de bens e a expropriação estão a serviço desse ideal de identificação com os pobres reais e com o Cristo pobre. Francisco conhece as formas refinadas pelas quais o espírito humano entra no jogo da apropriação[19], apropria-se dos bens materiais, espirituais e estritamente religiosos. Todas essas formas de propriedade são negadas por Francisco[20]. *Materialmente* devem viver como os demais pobres, como aqueles que não têm nenhum recurso econômico. *Espiritualmente* devem viver como menores, renunciando a todo tipo de poder, de utilização de talentos ou cargos para autopromoção, superando todo tipo de farisaísmo que essencialmente significa arrogância à base de virtudes conquistadas. Religiosamente os irmãos "não devem gloriar-se nem regozijar-se em si mesmos, nem exaltar-se interiormente de palavras e boas obras, nem mesmo de algum bem que Deus faz e diz e opera alguma vez neles"[21].

Mas, apesar desse radicalismo, a pobreza jamais se constitui num valor absoluto. Ela se relativiza quando se apresenta *uma necessidade vital (necessaria*

---

18. SÃO BOAVENTURA. De perfectione evangélica, Quaest. II ad 2 (*Opera Omnia* V, 148).

19. Cf. ASPURZ, L.I. de. "'Appropriatio' et 'expropriatio' in doctrina S. Francisci". *Laurentianum* 11, 1970, p. 3-35.

20. Cf. ESSER, K. Mysterium paupertatis. In: *Temi Spirituali*. Milão: [s.e.], 1973, p. 67-92. • Id. Die Armutsauffassung des hl. Franziskus. In: FLOOD, D. *Poverty in Middle Ages*. Werl/Westf., 1975, p. 60-70. • O'MAHONY. "Poverty Yesterday". *Laurentianum* 10, 1969, p. 37-64.

21. *Regra não bulada* XVII, 17-19.

vitae). A pobreza tem como base a fraternidade com os pobres e com o seguimento de Cristo e da Virgem, que foram pobres neste mundo.

c) A fraternidade universal como fruto da pobreza

Francisco quer ser radicalmente pobre para ser plenamente irmão. O que impede o encontro com o outro e com Deus é a vontade de possuir, são os interesses que se interpõem entre as pessoas. Temos medo de expor-nos coração a coração; preferimos as propriedades que conferem aparente segurança. O projeto franciscano é *in plano subsistere*[22], quer dizer, viver no plano em que todos se encontram e se con-frater-nizam. A pobreza consiste no esforço em remover qualquer forma de apropriação, para que aí aconteça o encontro entre os homens.

Mas os homens não vivem só de mística de confraternização e de seguimento do Cristo pobre. A vida tem exigências de base que não podem permanentemente ser contrariadas. Como humanizar os efeitos negativos da pobreza objetiva?

É precisamente num contexto de pobreza que Francisco coloca o problema da fraternidade[23]. A pobreza de cada um implica para o outro em desafio

---

[22]. CELANO, T. de. Op. cit., II, 148.

[23]. Cf. VOVK, M. "Die Franziskanische 'Fraternitas' als Erfüllung eines Anliegens der hochmittelalterlichen Zeit". *Wissenschaft und Weisheit 39*, 1976, p. 2-25.

num sentido de cuidar do outro, criando ao redor dele uma atmosfera de ternura e segurança que a família dá. Por isso, na Regra definitiva, pede que os irmãos se mostrem *domesticos inter se*, quer dizer, devem comportar-se como membros de uma mesma família, como verdadeiros irmãos, manifestando um ao outro suas necessidades, que devem ser atendidas de forma maternal. Mais importante do que liberar-se das formas de convivência daquele tempo, era libertar-se para uma nova forma de sociabilidade. Francisco imagina uma fraternidade verdadeiramente utópica[24], radicada na igualdade de todos: "Nenhum irmão tenha poder ou domínio, e menos ainda um sobre o outro [...], mas quem quiser ser o maior seja ministro e servo"[25]. "Quem assume uma função de coordenação deve comportar-se como uma mãe; revoluciona o relacionamento de súditos com ministros; os súditos podem falar como senhores a seus servos, pois assim deve ser que os ministros sejam servos de todos os irmãos"[26]. Trata seus irmãos como cavaleiros da Távola Redonda, para representar plasticamente a igualdade entre todos. Diante dos fracassados da comunidade, o remédio está no espírito de fraternidade: "Não perturbar-se ou irar-se pelo pecado ou mau exemplo dos

---

24. Cf. ROTZETTER, A. "Der utopische Entwurf der franziskanischen Gemeinschaft". *Wissenschaft und Weisheit*" 37, 1974, p. 159-169. • Id. *Franz von Assisi* – Ein Anfang und was davon bleibt. Eisiendeln, 1981, par. 77.

25. *Regra não bulada* V.

26. *Admoestações* 4; Carta aos fiéis (II), 42.

outros [...], admoestando, ensinando e corrigindo humilde e diligentemente [...], e atuem com ele como melhor lhes pareça, segundo Deus"[27].

Essa fraternidade está aberta para fora. Quando vão pelo mundo, os irmãos devem comportar-se evangelicamente, vivendo pobremente, comendo o que puserem diante deles, renunciando a qualquer forma de violência, dando a quem lhes pede.

A própria missão entre os sarracenos e outros infiéis não tem o sentido de expandir o sistema eclesiástico, mas de viver o Evangelho universal de fraternidade, "submetendo-se a todos os homens por causa do Senhor, e confessando que são cristãos"; só depois, "quando virem que agrada ao Senhor, podem anunciar a Palavra de Deus"[28].

Essa fraternidade não seria aberta se não se abrisse também para baixo, numa verdadeira democracia cósmica com todas as criaturas. O relacionamento com a natureza, com o fogo, com o pássaro, com a cigarra, não é em primeiro lugar um relacionamento de posse, mas de convivência e de fraternidade. Tudo isso resulta da pobreza vivida como *forma de vida* e atitude de respeito e devoção para com todos os elementos da criação. Portanto, a pobreza desembocava numa imensa liberdade e num gozo desinteressado de todas as coisas.

---

27. *Regra não bulada* V.

28. Ibid.

4 O carisma franciscano, fator de libertação para o Terceiro Mundo

Não se pode tirar conclusões realistas com base na figura histórica de Francisco sem dar-se conta do franciscanismo como fenômeno histórico com suas vinculações com certo tipo de sociedade e de Igreja[29]. Tanto o carisma de Francisco (experiência pessoal) como o franciscanismo (instituição e tradição) são legítimos, mas com valor diferente. Primeiro é Francisco, porque é fonte, depois o franciscanismo, porque é derivação. Não se trata de reproduzir sem mais nem menos o carisma pessoal de Francisco, mas, dentro de uma realidade mudada, inspirar-nos para uma prática mais evangélica numa linha de opções que ele concretizou. Aqui temos que levar em consideração a consciência que é própria de cada geração, diferente em Francisco e distinta em nós. A gente não faz simplesmente o que quer senão o que o horizonte de seu tempo permite compreender e as condições reais permitem fazer.

Assim, por exemplo, Francisco não organizou os pobres de seu tempo em vista de uma libertação social[30]. A consciência possível de seu tempo não levantava a questão dos pobres na sua dimensão política, mas nós o fazemos em sintonia com a nossa percepção da realidade. Apesar disso, Francisco con-

---
29. Cf. BOFF, L. *Pueblas Herausforderungen na die Franziskaner*. Bonn: [s.e.], 1980.
30. Cf. GRUNDMANN, H. *Religiöse Bewegungen im Mittelalter*. Hildesheim, 1961, p. 164s.

tribuiu com uma grande libertação para os pobres. O que torna desumana a pobreza não é só (principalmente é isso) a não satisfação das necessidades básicas da vida. É o desprezo, a exclusão do convívio humano, é introjetar nos pobres uma imagem negativa deles mesmos, imagem esta produzida pelas classes dominantes. O pobre acaba acreditando-se um ser abjeto e desprezível.

A libertação de Francisco[31], possível dentro do contexto de seu tempo, consistiu em que ele, sendo um jovem rico, assumiu a condição de pobre. Serve aos pobres, toca-os, beija-os, senta-se com eles à mesma mesa, sente sua pele, vive uma comunhão física com eles. Esses contatos humanizam a miséria. Devolve ao pobre o sentido de sua dignidade humana, jamais perdida, apesar de que negada pela sociedade dos sãos. Francisco criou uma fraternidade de irmãos especialmente aberta aos pobres reais. Essa atitude representa um *protesto* profético contra a sociedade de seu tempo, que expulsava os pobres e leprosos para as periferias imundas; é um *ato de amor* porque compartilha seu mundo, fazendo-se um deles.

Agora é importante identificar alguns eixos da vida franciscana atual que correspondam ao chamado do nosso tempo e que venham inspirados pela prática de Francisco.

---

31. Cf. ANASAGASTI, P. *Liberación en San Francisco de Assis.* Aránzazu, 1976. • BOFF, L. *Francisco de Asís.* Op. cit., p. 116-144: São Francisco, a libertação pela bondade.

a) Liberdade para a utopia

A primeira coisa que devemos pedir é a liberdade para a utopia de Francisco, para aqueles irmãos nossos que se sentem chamados a vivê-la. Trata-se de uma loucura por Deus e pelos pobres. Existem os que abandonam tudo e, a exemplo de São Francisco, põem-se no meio dos pobres, sofrem e vivem como pobres. Nem tentam libertar os pobres de sua pobreza, mas querem evangelicamente compartilhar de sua posição. Cada país tem figuras de semelhante talante carismático. Em nossas comunidades, deve-se deixar espaço para que possa emergir esse espírito radical. Sempre existirão espíritos sensíveis à utopia, para o mais difícil e para o mais elevado. Importa que Francisco, que pode esconder-se por detrás de cada seguidor, irrompa e dê testemunho da verdade do projeto de Cristo, que é o reino da fraternidade, começando pelos pobres[32].

b) Pensar e agir a partir dos pobres da terra

A opção preferencial e solidária da Igreja pelos pobres deve ser traduzida concretamente pelos franciscanos. Primeiramente se trata de um amor afetivo para com os pobres. Isso significa mais do que compaixão; implica aceitá-los como pessoas, como irmãos, escutá-los de verdade, amá-los na sua alteridade e diferença. Em seguida convém ter um *amor*

---

32. Cf. BEYSCHLAG, K. *Die Bergpredigt und Franz von Assisi*. Gütersloh, 1955, esp. p. 153-159.

efetivo por eles. Isso exige que olhemos a sociedade e a história a partir da perspectiva dos pobres, das suas lutas pela vida e pela dignidade. A partir de sua causa descobre-se a iniquidade do sistema de dominação, a força de resistência dos pobres, a dignidade de suas exigências de uma nova sociedade, os valores populares, seu tipo de religiosidade e de cultura. O amor efetivo cobra dos franciscanos uma atualização do *exivi de saeculo* de Francisco. Temos que sair do nosso sistema capitalista com seu *ethos* e sua utopia de uma sociedade de abundância conseguida às custas da exploração do trabalho das grandes maiorias, quer dizer, dentro de relações injustas.

A opção pelos pobres inclui e exige uma redefinição das prioridades, assim como são compreendidas pelo povo. Antes de tudo, estão as exigências da vida e dos meios de vida como a saúde, o trabalho, a educação. Com base nessas prioridades, estabelecem-se as outras concernentes à liberdade de opinião e de expressão, etc. Pertence aos anelos mais profundos dos pobres uma sociedade mais participada e fraterna para todos, que se constrói a partir dos esquecidos de todas as histórias, quer dizer, dos humildes, dos pobres, dos doentes e dos trabalhadores.

c) Viver como pobres e peregrinos neste mundo

Pertence à opção pelos pobres compartilhar seu estilo de vida pobre e austero. Diante de uma sociedade consumista, importa que sejamos promotores de anticultura dominante porque a sociedade de consumo é sinônimo de uma sociedade injusta. Vivemos num mundo de coisas. Tudo é objeto de troca e de interesse. As coisas perderam, por causa do circuito econômico, cada vez mais o seu uso humano e direto como satisfação das necessidades básicas da vida. Contra o valor de troca, que no sistema capitalista assume tudo, Francisco postula uma existência humana que se baseia unicamente no valor de uso: duas túnicas, um capuz, calçado para aqueles que dele necessitam e os instrumentos de trabalho e oração. A utopia de Francisco é uma fraternidade sem mais-valia (plus-valia) e por isso o menos exploradora possível. Isso pode ser traduzido por nós num estilo de vida pobre, expostos à insegurança dos pobres, como quem peregrina neste mundo e sabe que aqui não tem sua morada permanente.

Essa opção postula uma redefinição da função de tantas obras institucionais que herdamos do passado, muitas vezes obras suntuosas e monumentais. Apesar de toda ambiguidade e da cruz que nos pode significar, não devemos abandonar-nos à resignação. Cabe fazê-las funcionais para uma pastoral que se oriente para os pobres.

d) Lutar contra a pobreza, pelos pobres e pela justiça

Não opta efetivamente pelos pobres quem não luta contra a pobreza que desumaniza e corporifica o pecado de injustiça. Analiticamente a pobreza como fenômeno coletivo é consequência de relações sociais assimétricas e desiguais. Pobreza social é injustiça. Optar pelos pobres é comprometer-se pela justiça social, por uma sociedade mais equilibrada e participada. Uma forma de luta pela justiça, que se está consagrando, consiste na promoção da conscientização, de reflexão nas bases populares e de compromisso pelos direitos humanos, entendidos como direitos dos pobres. Existem franciscanos cardeais, bispos, sacerdotes e leigos que no Terceiro Mundo se distinguiram na defesa dos humildes, de sua dignidade, de operários, de indígenas e de perseguidos politicamente. A *legatio pacis* da qual se sentia investido São Francisco pode ser tranquilamente traduzida por nós hoje como um esforço consciente pela justiça social, base de toda paz duradoura.

e) Criadores de uma Igreja na base com os pobres

A intenção originária de Francisco não foi criar uma Ordem ao lado de outras tantas, senão viver o que todo batizado está chamado a realizar: o seguimento de Cristo dentro do espírito do Evangelho[33]. As fraternidades franciscanas da primeira geração eram uma espécie de comunidades cristãs de base, em meios populares e vivendo uma religiosidade popular. Uma forma eminente de dar corpo à nossa

---

33. Cf. o excelente estudo de SCHMUCKI, O. "Franziskus von Assisi erfahrt Kirche in seiner Brüderschaft". *Franziskanische Studien* 58, 1976, p. 1-26. • ROTZETTER, A. *Die Funktion der franziskanischen Bewegung in der Kirche*. Tau-Verlag, Schwyz/Schweiz, 1977.

opção pelos pobres está nas comunidades cristãs de base, em permitir aos pobres que eles se constituam em Igreja na medida em que eles mesmos se reúnem, escutam a palavra, organizam-se comunitariamente e iluminam suas práticas pelo Evangelho. Assim o povo simples se faz Povo de Deus. A nossa presença no meio deles não deve ser tanto como agentes da Igreja que vêm da grande tradição (instituição), mas principalmente como agentes do Evangelho. Evidentemente, não se trata de criar uma "igrejinha" (*ecclesiola*) dentro da Igreja (*Ecclesia*) (nada mais contra o espírito de São Francisco, que queria obediência estrita à *sancta mater Ecclesia romana*), senão atualizar a liberdade contida no Evangelho. O Evangelho está na base da Igreja, é a sua constituição, mas as suas virtualidades não se exaurem na institucionalidade da Igreja. Francisco, fiel à Igreja, soube desentranhar o novo encerrado no Evangelho e historizá-lo no seu tempo. Essa criatividade pode alimentar em nós iniciativas pastorais dentro do continente dos pobres, ainda não suficientemente penetrado pelo Espírito de Jesus. Os círculos bíblicos podem ser uma maneira de atualizar, no nível do povo, o amor de Francisco pela Palavra de Deus; o incentivo à religiosidade popular, a animação à criatividade de expressões devocionais, de cantos e de outros condutos de comunicação popular podem inspirar-se na imensa criatividade de Francisco na invenção de novas formas de rezar e de ser Igreja nos meios populares.

5 Conclusão: o desafio de São Francisco

O contato com São Francisco, seus ideais e suas práticas não deixam de produzir uma crise existencial, especialmente com referência ao tema da pobreza e da fraternidade. Nele aflora cristalinamente o fermento evangélico com tudo o que ele tem de questionante e desafiante. Logo nos damos conta de como somos preguiçosos e percebemos a força que mantém em nós o homem velho. São Francisco tomou absolutamente a sério o Evangelho, *ad litteram et sine glosa*, e tentou vivê-lo com um coração generoso e jovial. Ele encarna, para nossa cultura mundial e para nossa Igreja, uma das mais altas fulgurações da utopia de Jesus Cristo. Ele já pertence à memória coletiva de nossa fé, uma referência obrigatória no seguimento radical de Jesus Cristo. Ele é mais do que um ideal, é um modo de ser, uma prática de identificação com os mais humildes, uma confraternização com o mais baixo, propiciando a emergência do melhor que se esconde dentro de cada ser humano. São Francisco constitui um permanente peso de consciência para os franciscanos, uma crise que não nos amargura, mas nos impulsiona a sermos mais evangélicos, mais sensíveis à humildade de Deus e aos sofrimentos dos irmãos. Tudo isso nos faz superar os mecanismos de desculpa e de resignação e nos abre o caminho para uma prática de solidariedade com os que são menos e têm menos; então vale a pena seguirmos com nosso franciscanismo e deixarmo-nos fascinar sempre de novo pela figura do Poverello e Fratello de Assis.

11
Lutero e a libertação dos oprimidos

A Teologia da Libertação, antes de ser uma doutrina com conteúdos mais ou menos definidos, apresenta-se como uma maneira de considerar as distintas matérias teológicas. Temos a ver com um modo próprio de se fazer teologia. A partir da opção pelos pobres e do compromisso com a caminhada das comunidades cristãs que, motivadas pela fé, empenham-se na mudança da sociedade, podem-se ler e reler grandes temas da tradição e interrogar personalidades-testemunhas do passado. O que elas nos têm a dizer, a confirmar, a criticar em nossa preocupação pela libertação dos oprimidos a partir da fé?

Lutero apresenta-se como uma das maiores testemunhas do espírito evangélico e da coragem de postular reformas na Igreja e na sociedade. Ele defrontou-se com grandes processos de mudança, com os príncipes que disputavam entre si poder e com os camponeses em rebelião. Que tipo de prática desenvolveu Lutero? Como refletiu sobre as práticas históricas vigentes então? Que atitude queria para o seu movimento face às mudanças sociais? Essas questões não são as do Lutero histórico; são nossas, condicionadas pelo tipo de desafios vividos e sofridos por nós no contexto de uma América Latina em efervescência social e eclesial. Mas Lutero nos poderá talvez servir de inspiração e também de crítica.

Para achegarmo-nos a ele, primeiramente, faríamos bem em interrogar os movimentos confessionais que remontam a Lutero e que guardam sua herança espiritual. Em seguida tentaremos dialogar com o próprio Lutero em suas obras mais diretamente ligadas à questão que nos interessa: a fé, a Igreja e a sociedade em transformação.

1 O protestantismo histórico, promotor da liberdade burguesa

Na América Latina, como é que se relacionam as "Igrejas históricas" protestantes (a luterana e a presbiteriana de orientação confessional e a metodista e batista de *revival* evangélico) com o processo popular de libertação dos pobres latino-americanos?[1] Para compreender essa relação, importa situar historicamente a penetração do protestantismo no continente da América Latina. Começou a se fazer presente, ativa e organizadamente, a partir da metade do século XIX. Vinha dos países centro-europeus e

---

1. Cf. VV.AA. *Protestantismo y liberalismo en América Latina*. San José de Costa Rica: DEI, 1983. • WILLEMS, E. *Followers of the New Faith*: Culture change and the rise of Protestantism in Brazil and Chile. Nashville: [s.e.], 1967. • REED, W.R.; MONTERROSO, H. & JOHNSON, A. *Avence evangélico en América Latina*. Dallas: [s.e.], 1970. • D'EPINAY, Ch.L. *El refugio de las massas*: estudio sociológico del protestantismo chileno. Santiago: [s.e.], 1968. • CÉSAR, W.A. *Por uma sociologia do protestantismo brasileiro*. Petrópolis: Vozes, 1973.

do Atlântico Norte. Portanto, vinha daqueles países pioneiros da "modernidade" e que detinham e detêm até hoje a hegemonia do projeto liberal. Chegando a nossos países, as Igrejas históricas traziam os ideais do liberalismo, ideais que, no aspecto econômico, reforçavam a modernização e industrialização contra as velhas oligarquias senhoras da terra; em sua dimensão política, levantavam a bandeira da democracia representativa; na vertente cultural, disseminavam a escola para todos e a promoção do indivíduo e de sua liberdade.

Claramente o formulava o missionário presbiteriano Stanley W. Rycroft: "O cristianismo (Evangelho), com sua ênfase no valor do indivíduo e na liberdade do espírito humano sob a disciplina de Deus, é o mais seguro alicerce para a liberdade e para a democracia pela qual anseia a América Latina"[2].

Com esse propósito, o protestantismo histórico quer reproduzir na América Latina condições semelhantes às de seus países de origem do Hemisfério Norte. Para tanto, faz aliança estrutural (não é intencionalidade subjetiva, mas dentro do jogo de forças sociais) com os setores mais avançados da sociedade da América Latina, influenciados pelos ideais da Revolução Americana e Francesa, do Iluminismo, do Positivismo e até da maçonaria. Trata-se da burguesia nacional, da pequena burguesia urbana, rural e comercial. Esse processo ocorre exatamente no momento em que ocorre a transição da sociedade lati-

---

2. RYCROFT, S.W. *Religión y fe en América Latina*. México: [s.e.], 1961, p. 10.

no-americana tradicional e colonial para a moderna e liberal. Explodem conflitos entre os velhos senhores e o novo sujeito histórico emergente. A Igreja católica se alinhava ao bloco histórico senhorial e colonial. Vai constituir um inimigo que deve ser combatido fortemente pelos protestantes, não só pelas diferenças confessionais, mas por sua função social conservadora. Para o protestantismo histórico,

> o catolicismo romano é considerado a ideologia e estrutura religiosa de um sistema global, a caduca ordem hispânica senhorial, implantada na América Latina, que deve ser varrida para dar lugar a uma nova ordem democrática, liberal, ilustrada, dinâmica, que o protestantismo historicamente inspirou e à qual a doutrina protestante – de livro aberto e com juízo próprio – abre o passo e sustenta[3].

Com efeito, o protestantismo é inovador diante do pacto colonial do cristianismo (Igreja católico-romana) com as forças do Império ibero-lusitano. E representa um apelo a uma vivência moderna da fé em articulação com o espírito imperante de liberdade, participação democrática e atualização do processo produtivo[4]. Em termos religiosos, mostrava-se

---

3. Cf. BONINO, J.M. Historia y misión. Los estudios históricos del cristianismo en América Latina con referencia a la búsqueda de liberación. In: *Protestantismo y liberalismo en América Latina*. Op. cit., p. 25.

4. Cf. ALVES, R. *Protestantismo e repressão*. São Paulo: [s.e.], 1979, p. 38-42: "O protestantismo como vanguarda da liberdade e da modernidade". Alves exprime sua autoconsciência de um fiel protestante: "Se perguntarmos à história: 'De que lado estás? Qual é o teu destino?' ela responderá: 'O catolicismo é o passado de onde venho. O protestantismo é o futuro para onde caminho'" (p. 38).

como "fé viva" em contraposição à "fé morta" do catolicismo, religião de tradições e exterioridades. Segundo Gonzalo Baez Camargo, Cristo na América Latina foi o "Cristo silencioso", diante do "Cristo sem cadeados" dos protestantes[5].

Por outro lado, deve-se reconhecer que a teologia protestante está ligada ao sujeito histórico liberal. O liberalismo se torna a ideologia do imperialismo dominador, *criador* de um centro e de uma periferia. Desde meados do século XIX estabeleceu-se um neocolonialismo na América Latina; o protestantismo que viera no seio dos ideais liberais se transforma em fator legitimador desse pacto neocolonial. Significa um avanço diante da tradição colonial sustentada pelo trono e pelo altar. Mas não é libertador da estrutura fundamental de dominação. Os senhores mudaram, mas o sistema de sujeição e marginalização do povo continua seu percurso. A mudança social que o protestantismo favorecia era só reformista; beneficiava diretamente os estratos médios e altos e bem escassamente as camadas populares, por via indireta. A transformação religiosa centrada na conversão do coração, em uma fé viva e em práticas éticas, apesar de personalistas, repercutia nos estratos modernos da sociedade. O povo continuava em sua religião popular e no drama de opressão social. Acertadamente dizia Octavio Paz:

---

[5]. Apud ALVAREZ, C. Del protestantismo liberal al protestantismo liberador. In: *Protestantismo y liberalismo en América Latina*. Op. cit., p. 49.

A ideologia liberal e democrática, longe de exprimir nossa situação histórica concreta, a escondia. A mentira política se instalou em nossos povos assim constitucionalmente. O prejuízo moral foi incalculável e atinge regiões muito profundas de nosso ser. Vemo-nos na mentira com naturalidade. Por mais de cem anos sofremos regimes de força a serviço das oligarquias feudais, mas que usavam a linguagem da liberdade[6].

O protestantismo histórico mantém uma relação muito íntima com essa ideologia liberal.

Com a crise do projeto liberal, de um capitalismo dependente e periférico na América Latina, entrou em crise também a compreensão liberal do protestantismo. Pode ser uma força de libertação dos oprimidos? José Miguez Bonino, eminente teólogo da libertação argentino, formula de modo consciente a seguinte tese: "Poderá o protestantismo superar sua crise de identidade e missão se – e na medida em que – conseguir recuperar o papel subversivo que realizou no passado, mas na situação radicalmente distinta em que hoje nos encontramos"[7]. Júlio de Santa Ana, ex-membro do Conselho Mundial de Igrejas (CMI) e conhecido teólogo uruguaio de libertação, postula uma encarnação da Igreja e do protestantismo no mundo dos pobres, para ajudar em uma transformação profunda e global, uma verda-

---

6. Cf. PAZ, O. *El laberinto de la soledad*. México: [s.e.], 1974, p. 99.

7. BONINO, J.M. Historia... Op. cit., p. 31.

deira libertação dos oprimidos[8]. Rubem Alves distingue a função ideológica que o protestantismo ocupou diante do liberalismo e sua permanente função utópica como memória da força libertadora do Evangelho. Nessa perspectiva, "católicos e protestantes estão se descobrindo como um só corpo em função de uma esperança na América Latina nova"[9].

Na verdade, existe uma frente libertadora protestante de grande significação no processo global da prática libertadora e da reflexão que se constrói a partir dessa prática. Cabe agora perguntar em que medida Lutero pode corroborar nessa missão. Walter Altmann, professor de teologia sistemática de São Leopoldo, dedicou-lhe uma investigação minuciosa que ganhou ressonância no mundo inteiro, *Lutero e a Libertação*[10].

2 Lutero libertador na Igreja, reformador na sociedade

Queremos colocar a questão: Até que ponto Lutero tem uma função libertadora no processo histórico-social-religioso e até que ponto em sua teoria e prática propiciou uma interpretação legitimadora

---

8. SANTA ANA, J. *Protestantismo, cultura y sociedad*. Buenos Aires: [s.e.], 1970, p. 110-127.

9. Función ideológica y posibilidades utópicas del protestantismo latinoamericano. In: *De la Iglesia y la sociedad*. Uruguai: Tierra Nueva, 1971, p. 21.

10. ALTMANN, W. *Lutero e a libertação*. São Paulo: Ática, 1994.

da modernidade que tanta opressão traria às grandes maiorias empobrecidas de nossa época? Para responder a tal pergunta, necessário se faria uma investigação muito minuciosa sobre o fenômeno Lutero em si e sobre sua incidência no conjunto de forças que vigoravam naquele tempo. Para isso não há tempo nem espaço nesta breve reflexão. Mas tentarei esboçar algumas linhas (incompletas) que nos podem ajudar a entender o desafio que os explorados nos lançam, a todos, como cristãos e como Igreja.

Para refletirmos com certo sentido hermenêutico, temos necessidade de um quadro mínimo referencial. Assumo a hipótese (que não cabe aqui aprofundar nem justificar) de que um fenômeno religioso como o de Lutero não pode ser analisado só com as categorias religiosas. Quem procura fazer uma análise apenas religiosa acaba não fazendo nem sequer uma análise religiosa. Isso é assim porque o fator religioso (semelhantemente à cultura, às ideologias, aos valores) jamais se constrói sozinho, mas sempre em articulação com a história concreta e com as estruturas econômico-políticas de uma sociedade. Além de seu caráter específico, cada fator tem seu índice de eficácia própria sobre os demais; podem ocorrer momentos em que o fator religioso pareça dominante[11]; talvez seja esse o caso da Refor-

---

11. Para toda essa questão, cf. a obra fundamental de MADURO, O. *Religião e luta de classes*. Petrópolis: Vozes, 1981; ainda: GODELIER, M. Marxisme, anthropologie et religion. In: *Epistémologie et marxisme*. Paris: [s.e.], 1952, p. 209-265. • PORTELLI, H. *Gramsci y la cuestión religiosa*. Barcelona: [s.e.], 1977, p. 58-64.

ma com Lutero. A Reforma é antes de tudo um fenômeno religioso, mas não somente religioso; no campo religioso, revelaram-se todos os níveis de conflito que perpassavam a sociedade e a consciência europeia de então. Com razão, dizia Henrique Hauser:

> A Reforma do século XVI teve o duplo caráter de revolução social e revolução religiosa. As classes populares não se sublevaram só contra a corrupção do dogma e contra os abusos do clero. Também se levantaram contra a miséria e contra a injustiça. Na Bíblia não buscaram apenas a doutrina da salvação pela graça, mas também a prova da igualdade original de todos os seres humanos[12].

É sumamente emaranhada a questão das causas da Reforma[13]. Ninguém se atreveria a reduzi-la a uns poucos fatores apenas. Mas o que podemos seguramente dizer é que os reformadores, particularmente Lutero, responderam aos grandes anseios de seu tempo marcado por transformações profundas através do descobrimento de novos continentes, com a colonização de novas terras, com a invenção da imprensa, com a introdução de novos métodos financeiros, com a emergência do humanismo e especialmente com o grito de toda a cristandade por reformas profundas na cabeça e nos membros (*in ca-*

---

12. HÄUSER, H. *Études sur la Réforme Française*. Paris: [s.e.], 1909, p. 83.

13. Ainda clássica é a obra de LORTZ, J. Wie es zur Spaltung kam. Von den Ursachen der Reformation. In: *Die Reformation als religioeses Anliegen heute*. Tréveris, 1948, p. 15-105, ou então em: *Die Reformation in Deutschland* I. Friburgo: [s.e.], 1949, p. 3-20. • LOEWE, H. & ROEPKE, C.-J. (org.). *Luther und die Folgen*. Munique: [s.e.], 1983.

pite et in membris). Ante o campo específico (religioso) dentro do qual se movia, Lutero efetuou um grandioso processo libertador. Será ele para sempre uma referência obrigatória para todos os que buscam a liberdade e sabem lutar e sofrer por ela. Hegel, com razão, considera a Reforma luterana uma *Hauptrevolution* (revolução fundamental), porque, "com Lutero, começa a liberdade de espírito", liberdade que "não apenas se reconhece, mas é sumamente exigida"[14]. Conquista-se essa liberdade rompendo com o "cativeiro babilônico" a que fora submetida a cristandade sob a hegemonia de Roma. Para identificar melhor a significação libertadora de Lutero dentro do campo religioso e daí sobre os demais campos da realidade, urge considerar rapidamente o lugar da Igreja dentro da formação feudal e senhorial daquele tempo.

a) Libertação do cativeiro babilônico da Igreja

Na Europa semifeudal e mercantil dos séculos XV e XVI, a Igreja constitui peça fundamental. A Sé romana, os bispos, particularmente na Germânia, tinham grandes interesses econômicos, políticos, jurídicos e militares. Não se há de esquecer que o papa exerce grande poder temporal com inúmeros pactos e benefícios. No regime semifeudal e de burguesia mercantil ocorrem relações de vassalos e sú-

---

14. HEGEL, G.W.F. *Vorlesungen ueber die Geschichte der Philosophie* III (Suhrkamp, Werke 20). Frankfurt: [s.e.], 1971, p. 49-51.

ditos, de senhores e servos, de colonizadores e colonizados. Particularmente para manter submisso o campesinato, apesar das muitas sublevações na Boêmia, Suábia, França e em outras partes da Europa Central, não se recorria apenas à coerção armada, mas também à persuasão religiosa[15]. Aristocracia feudal e sociedade burguesa mercantilista fizeram um pacto com o clero (que também tinha poder secular), de tal sorte que a Igreja se constituía na instância central da reprodução da sociedade semifeudal e mercantilista. Isso significa: a Igreja, em sua multifuncionalidade, consagra e solidifica as relações do *status quo*, de dominação. Essa especial função da Igreja se exerce com eficácia mediante mil tipos de obras piedosas, devoções a santos, indulgências lucradas a dinheiro. Por exemplo, Lutero desaprovou o acúmulo em uma igreja, no castelo de Frederico, o Prudente, de 17.413 relíquias, cuja veneração, mediante pagamento, permitia auferir 128 mil anos de indulgência[16]. Todo esse processo de coligação da ordem dominante com o clero tinha seu centro de animação e legitimação última na Sé romana e no papado.

Diante de tal situação, Lutero (que vinha de profunda crise espiritual, aliada a um desejo profundo de reforma em sua Ordem religiosa, os agostinianos, e na Igreja inteira) lançou o seu grito profético.

---

15. Cf. MADURO, O. A religião no regime semifeudal da colônia. In: *Religião e luta de classes*. Op. cit., p. 87-90.

16. Cf. DELUMEAU, J. *La reforma*. Op. cit., p. 32.

Insurge-se contra o que ele – tantas vezes – chama de "tirania do papa". A justificação pelas obras opõe a justificação pela fé[17]. Faz a inaudita descoberta da misericórdia ilimitada de Deus em Jesus Cristo crucificado. O homem não se acha condenado a cumprir leis e tentar por suas boas obras produzir a salvação. Portanto, sua missão neste mundo não consiste em ajustar-se e reproduzir todas as normas, com a convicção de sua incapacidade visceral de fazê-lo perfeitamente. Com a tese básica da justificação pela fé, Lutero introduz uma radical libertação, pois com isso quer dizer que o ser humano está livre de todas essas exigências, a fim de estar livre para acolher a graça e a misericórdia como puro dom e oferecimento gratuito do Pai. Em consequência da graça e da pura fé (ato englobante de toda a existência e, por isso, algo mais que simples adesão intelectual a um código de verdades reveladas)[18], o ser humano produz boas obras. "Porque é bom produz obras boas; não é bom porque produz obras boas", será uma afirmação básica de Lutero[19] que a encontrou já no Mestre Eckhart[20].

---

17. Cf. PESCH, O.H. *Theologie der Rechtfertigung bei Martin Luther und Tomas von Aquin* – Versuch eines systematisch-theologischen Dialoge. Mogúncia, 1967. • Id. *Hinfuehrung zu Luther.* Op. cit., p. 264-271.

18. Para uma exposição desse conceito de fé em Lutero, cf. EBELING, G. *Lutero, un volto nuovo.* Brescia: [s.e.], 1970, p. 145-159.

19. WA IV 3,28s.; 56,3,13s.; 4,11; 172.8; 268,4s.

20. Cf. BOFF, L. (org.). *Mestre Eckhart*: a mística de ser e de não ter. Petrópolis: Vozes, 1983, p. 104-105, 111-114.

A justificação pela fé é a expressão de incrível liberdade interior conquistada por Lutero e arvorada como bandeira de libertação para os outros cristãos. Em 16 de abril de 1521, quando Carlos V o convocou à Dieta de Worms, convidando-o a abandonar sua proclamação, Lutero respondeu: "Não posso nem quero retratar-me, porque não é bom nem sincero agir contra a própria consciência. Que Deus me ajude! Amém"! Instado pela última vez pelo oficial, que disse: "Deixa tua consciência, irmão Martinho: a única coisa que não oferece perigo é submeter-se à autoridade estabelecida", Lutero recusou definitivamente[21]. Lutero não mostra deferência servil a nenhuma autoridade terrena como última instância; última instância só pode ser Deus; e Deus é um Soberano insubstituível, e o papa, seu servidor.

Os textos produzidos em junho (*O papado de Roma*), em agosto (*Apelo à nobreza cristã da nação alemã*), em outubro (*Cativeiro babilônico da Igreja*) e novembro de 1520 (*A liberdade do homem cristão*) produzem inegável aura de libertação. Insistimos: evidentemente, a tematização é religiosa, mas o seu efeito é também social, político, econômico, porque a Igreja perpassava todas essas instâncias como a instituição básica de coordenação, hegemonia e reprodução do sistema vigente.

Na obra *O papado de Roma* define a intuição fundamental da eclesiologia protestante. A Igreja

---

21. Apud DELUMEAU, J. *La Reforma...* Op. cit., p. 35.

visível (*corpus christianorum*) é puramente humana e não pode identificar-se com o Corpo Místico de Cristo. A Igreja de Cristo é como o reino que está dentro de nós: invisível, espiritual e interior.

Na obra tremendamente virulenta contra o clero e contra o papa, *Apelo à nobreza cristã da nação alemã*, na perspectiva da convocação de um concílio para a Reforma da Igreja, denuncia os três muros dos romanistas que impedem a liberdade dos cristãos: 1) A superioridade do estado religioso sobre o civil (*geistlicher Stand – weltlicher Stand*) mediante a qual o papa pretende dominar a todos. O poder na Igreja é unicamente espiritual e significa função de serviço e permanece enquanto realiza o serviço; fora dessa inserção diaconal, permanece e volta a ser leigo: "O caráter indelével são palavras e leis inventadas pelos homens"[22]. Aqui é que Lutero defende a vigência permanente do sacerdócio universal de todos os leigos. 2) O outro muro é o direito que o papa se arroga de interpretar sozinho as Escrituras. Lutero, que dominava maravilhosamente os textos sacros (sua tradução da Bíblia, genial na correção e simples no estilo, teve 84 edições no seu tempo e 253 depois de sua morte), afirma o direito ao acesso individual ao texto, a iluminação do Espírito em sua interpretação e assim quebra o monopólio da legitimidade de interpretação e abre caminho para o livre exame. 3) Por fim, o terceiro muro, a pretensão do papa de somente ele poder convocar e reconhecer

---

22. Segundo a ed. de VERLAG, W.G. Munique, 1967, p. 38.

um concílio. Na base de textos escriturísticos e de testemunhos da Tradição, Lutero reivindica o direito dos príncipes de convocar um concílio e urgir uma reforma na Igreja, inclusive "para ensinar ao papa que ele é um homem e não Deus, ao qual deve manter-se submisso"[23].

No *Cativeiro babilônico da Igreja*, denuncia as formas como o corpo sacerdotal se apoderou dos sacramentos mediante os quais mantém na sujeição todos os fiéis. "Todos eles foram reduzidos a um mísero cativeiro pela Cúria Romana. A Igreja se viu privada de toda a sua liberdade"[24]. Aceita e defende três sacramentos como tais: o Batismo, a Penitência e o Pão. Os demais são ritos eclesiásticos em função da vida e da organização comunitária, que têm legitimidade como construções religiosas humanas, mas não como expressão da vontade divina. Para Lutero, o sacramento é também *Evangelium*, isto é, concretização da Palavra da promessa. Sem o elemento sacramental, a promessa fica *nuda promissio*. Mas o sacramento jamais é puro sinal, e sim um sinal que contém a promessa. Por isso, ainda segundo Lutero, não é o sacramento (sinal) que comunica a salvação, mas a fé no sacramento (que contém a promessa)[25].

---

23. Ibid., p. 76.
24. Usamos a edição brasileira da Editora Sinodal, São Leopoldo, RS, 1982, p. 14.
25. WA VI, 572,11: 550,9.25.

Quanto à missa, Lutero reivindica as duas espécies (pão e vinho) para o povo e lamenta que se diga em latim, incompreensível. O ministro não renova o sacrifício da cruz, mas comemora a promessa de perdão dos pecados, "promessa confirmada pela morte do Filho de Deus [...]. Se é promessa, não chegamos a ela por nenhuma obra, por nenhum esforço ou mérito, mas somente pela fé (*sola fide*), pois onde está a Palavra de Deus que promete, aí se faz necessária a fé que constitui o princípio de nossa salvação"[26]. O cativeiro que Roma impôs a esse sacramento foi convertê-lo em meio de negócio com missas votivas, encomendadas e sufrágios. Especialmente duro mostra-se Lutero contra a Ordem como sacramento (apesar de aceitar o rito eclesiástico para introduzir os ministros na comunidade):

> O Sacramento da Ordem tem sido e continua sendo uma belíssima maquinação para consolidar todas as monstruosidades que até hoje se cometeram e ainda se cometem na Igreja. Aqui desaparece a fraternidade cristã, aqui os pastores se transformam em lobos, os servos em tiranos, os eclesiásticos em mais que mundanos [...]. Os clérigos não só creem que são mais que os leigos cristãos, que são ungidos pelo Espírito Santo, mas até os consideram cães indignos de ser contados juntamente com eles na Igreja[27].

---

26. *Do cativeiro babilônico da Igreja*. São Leopoldo, RS, 1982, p. 36-37 [s.n.t.].

27. Ibid., p. 126-127.

A liberdade do homem cristão é um dos mais belos textos da tradição cristã que Lutero, junto com uma carta, enviou ao Papa Leão X. Todo ele se articula em duas proposições: "O cristão é um homem livre, senhor sobre todas as coisas e a ninguém submetido. O cristão é um servo obediente a todas as coisas e submetido a todos". O livro é uma apologia da libertação interior: o homem de fé se sente livre de toda preocupação por sua salvação, por observar preceitos e outros imperativos, porque sabe que a salvação lhe é oferecida gratuitamente por Deus. Em função desse dom, tem mãos e olhos e coração livres para trabalhar em prol de seus irmãos, por puro amor a eles[28]. A última frase de seu livro resume bem a perspectiva: "O homem cristão não vive em si mesmo, mas em Cristo e em seu próximo: em Cristo pela fé, no próximo pelo amor [...]. Esta é a verdadeira e espiritual liberdade cristã, que liberta o coração de todos os pecados, leis e mandamentos, liberdade que supera qualquer outra liberdade, como o céu à terra."

No *De servo arbítrio* (escrito em 1525, contra o *De libero arbítrio*, de Erasmo), mostra que a liberdade humana não pode afirmar-se diante de Deus; sua função consiste em acolher a ação salvífica de Deus; por si mesma a vontade humana não pode nem con-

---

28. Para toda essa questão, cf. MAURER, W. *Von der Freiheit eines Christenmenschen* – Zwei Untersuchungen zu Luthers Reformationsschriften 1520-1521. Goettingen: [s.e.], 1949.

segue elaborar e sustentar sua relação a Deus[29]; esta provém da livre-iniciativa da misericórdia divina. Mas nas coisas da vida neste mundo exerce-se a determinação humana, e uma vez agraciada pode livremente colaborar com Deus na construção de seu reino[30].

Concluindo este item, devemos reconhecer que, apesar dos tremendos excessos verbais, juízos parciais e, por vezes, errôneos, Lutero significa a presença da autêntica profecia, exigindo conversão e reforma de toda a Igreja. Soube colocar o Evangelho e a cruz como marcos de referência fontais para livrar a Igreja de todo o tipo de abusos do poder sacro e de manipulação das doutrinas a serviço do *dominium mundi*. Não se pode negar uma aura de liberdade que pervade os principais textos de Lutero e que se transformou em fermento de libertação no seio do *corpus christianorum*. Sabemos que Lutero jamais teve a pretensão de criar uma confissão cristã paralela. Isso foi obra dos príncipes alemães a partir da Aliança de Torgau (1526), para enfrentar uma liga de príncipes católicos, selada definitivamente em março de 1551 pela Liga de Smalkalda. Quando se assinou a Paz de Augsburgo em 1555, já

---

29. Para Lutero, a compreensão defendida por Erasmo de Roterdã, sobre o livre-arbítrio, levava a uma excessiva autonomia diante de Deus. Assim definia Erasmo o *liberum arbitrium*: "a força da vontade humana mediante a qual se pode dirigir para aquelas coisas que levam à salvação ou dela se afastam": *Diatribe seu collatio de libero arbítrio* I b, 10,7-10.

30. Quanto a esse ponto, cf. WA XVIII, 695,29; 754,1-17. • SEILS, M. *Der Gedanke vom Zusammenwirken Gottes und des Menschen in Luthers Theologie*. Guetersloh: [s.e.], 1962.

encontramos a Alemanha dividida entre luteranismo e catolicismo romano, sob o princípio *cujus regio, hujus religio* [um só reino, uma só religião].

b) A apropriação do espírito protestante pelos novos senhores

A atuação de Lutero foi libertadora dentro do campo religioso. A incidência na política não seguiu a mesma lógica. A Igreja romano-católica perde o monopólio religioso e passa a se reposicionar dentro de um campo religioso dividido; sua influência social diminui e tem que enfrentar a competição no confessional e também no político da parte dos príncipes que se bandearam para o luteranismo (boa parte das regiões nórdicas). Lutero mesmo não tem condições de controlar o movimento que desencadeou. Nem sequer tem consciência de sua incidência sociopolítica; nem se lhe deve pedir, porque isso transcende os limites da "consciência possível" daqueles tempos recuados. Assim o dizia claramente Lutero:

> Meu Evangelho não tem nada que ver com as coisas deste mundo. É uma coisa bem à parte que tange unicamente às almas e não é de minha competência dar solução e despacho aos negócios temporais; para isso existem pessoas com vocação, o imperador, os príncipes e as autoridades. E a fonte de onde devem tirar sua sabedoria não é o Evangelho e sim a razão, o costume e a equidade[31].

---

31. WA XVII, 321.

A falta de uma articulação consciente aparece ao irromper a Guerra dos Camponeses, liderados pelo pregador Thomas Muentzer (1489-1525)[32]. A sublevação se insere dentro de um movimento maior que é bem anterior à Reforma. A situação dos camponeses no começo do século XVI é bastante boa[33]. Batiam-se pela reivindicação por mais direitos fundamentais no terreno sociopolítico, como se vê no documento dos *Doze artigos*. A seu movimento associam-se, por isso, não só pequenos senhores, mas também abades, príncipes e bispos (Fulda, Bamberg, Espira)[34]. Tendo que tomar posição, Lutero escreveu em abril de 1525 uma *Exortação à paz*. Diz claramente aos senhores: "Não são os camponeses que se sublevam contra vós, mas Deus mesmo"; e aos rebeldes: "Quem usa a espada morrerá pela espada; embora os príncipes sejam maus e injustos, nada vos autoriza a rebelar-vos contra eles". Lutero não é em nível político um revolucionário[35]. Fundamentalmente é respeitador do poder secular, porque vê nele instâncias instituídas por Deus, a que se deve obedecer. Explicitamente em 1521, em Wartburg, pronuncia-se contra a rebelião e a sedição: "Eu me oponho e quero sempre opor-me aos que usam de vio-

---

32. Cf. SMIRIN, M.M. *Die Volks reformation des Thomas Muentzer und der grosse Bauernkrieg*. Berlim: [s.e.], 1956. • ALTHAUS, P. *Luthers Haltung im Bauernkrieg*. Basileia: [s.e.], 1953.

33. LORTZ, J. *Die Reformation in Deutschland* I. Op. cit., p. 322.

34. Ibid., p. 324.

35. CASALIS, G. *Luther et l'eglise confessante*. Paris: [s.e.], 1983, p. 82.

lência, por mais justa que seja, porque a rebelião não se satisfaz a não ser com a efusão do sangue inocente"[36].

Com razão, conclui Jean Delumeau: "A revolta dos camponeses mostrou bem claramente a incompetência política do Reformador. Especialmente o fez perder a fé no povo organizado em comunidades. Desde aquele momento tendia a pedir aos príncipes a instituição do culto reformado. Ao Lutero da 'liberdade cristã sucedeu o Lutero da 'Igreja do Estado' (*Landeskirche*)"[37].

---

36. Apud CASALIS, G. Op. cit., p. 82. Lutero era amigo de chefes da repressão aos camponeses, como Felipe de Hessen, e lhes disse: "É necessário estrangulá-los. É necessário matar o cão enlouquecido, que se lança contra ti: senão, ele te matará" (In: *Contra as quadrilhas ladras e assassinas dos camponeses*). Essa posição de Lutero jamais será esquecida pelos oprimidos que não têm claramente o conceito de articulação da religião em uma sociedade de classes, religião que pode ser cooptada em função dos interesses do grupo hegemônico. No seu comentário a *O Magnificat*, Lutero mostra uma interpretação espiritualista, referindo-se aos ricos e poderosos e aos pobres e humilhados, nestas palavras: "Os famintos não são aqueles que pouco ou nada têm para comer, mas aqueles que, voluntariamente, curtem privações, principalmente se a isso são impelidos por outros por amor a Deus ou à verdade". E dá motivos para não considerar as diferenças rico-pobre: "Deus não julga as pessoas pelas suas aparências. Pouco lhe importa que sejam ricas ou pobres, que ocupem posições de importância ou tenham situação social de menor projeção. O que Ele vê é o espírito que as anima. Na sociedade, sempre existirão privilegiados e deserdados. Os primeiros não devem apegar-se às vantagens de que gozam, e os segundos devem manter-se tranquilos". LUTERO, M. *O Magnificat*. Petrópolis: Vozes, 1968, p. 91-92; cf. tb. 82-87 o comentário espiritualizante do versículo: "derrubou do trono os poderosos e exaltou os humildes".

37. DELUMEAU, J. *La Reforma...* Op. cit., p. 45.

Para verificar a incidência do religioso sobre o sociopolítico, deve-se perguntar pelos aliados que o movimento religioso evoca. No caso de Lutero, podemos seguramente dizer que mais que o povo pobre, os camponeses e servos da gleba, foram os príncipes, os humanistas e artistas (Duerer, Cranach e Holbein), os burgueses urbanos. O projeto histórico incrustado em suas práticas se orienta menos na linha de uma libertação do que de acumulação de riquezas e privilégios. Max Weber mostrou a conaturalidade que vige entre protestantismo e capitalismo[38]. A vivência da fé em moldes protestantes é funcional ao estabelecimento e expansão do modo de produção capitalista.

> Na medida em que o mundo ocidental se rege pela lógica do Capitalismo, podemos concluir que o protestantismo se sente neste mundo como em casa, ao passo que o catolicismo se percebe como no exílio. A ideologia protestante unifica a liberdade do indivíduo, a democracia liberal e o progresso econômico como expressão do espírito protestante. Em suma: o mundo moderno é fruto do protestantismo[39].

A associação histórica do luteranismo com os príncipes e com a burguesia vitoriosa fez com que o protestantismo incorporasse e assim legitimasse os interesses e ideais sociais dessa classe.

---

38. WEBER, M. *A ética protestante e o espírito do capitalismo*. Barcelona: [s.e.], 1969.

39. ALVES, R. *Protestantismo...* Op. cit., p. 42, referindo a autoconsciência dos protestantes.

Paul Tillich viu muito bem o enorme desafio posto ao protestantismo moderno pelo proletariado e sua causa. Diz ele que

> sob muitos pontos de vista até parece que o protestantismo e a situação operária não têm nada a ver um com a outra [...]. A situação proletária, na medida em que representa o destino das massas, é refratária a um protestantismo que, na sua mensagem, confronta a personalidade individual com a necessidade de fazer uma decisão religiosa e a deixa entregue a si mesma na esfera social e política, considerando que as forças que dominam a sociedade foram ordenadas por Deus[40].

O famoso individualismo protestante se sente impotente e mudo diante de estruturas de injustiça. Na medida em que não reflete evangelicamente sobre esse desafio, corre o perigo de mascarar os conflitos que atormentam os pobres e, assim, não trazer uma colaboração para a tarefa messiânica de libertação dos condenados da Terra.

Voltando à pergunta que púnhamos ao falar do protestantismo na América Latina, devemos dizer que se confirmam as suspeitas segundo as quais mal existe articulação, em nível social, entre protestantismo e libertação dos pobres. Essa articulação deve ser montada a partir de algumas intuições de Lutero e especialmente de seu espírito francamente libertário dentro da Igreja.

---

40. TILLICH, P. *The Protestant Era*. Chicago: [s.e.], 1962, p. 161.

3 O evangelismo protestante como fator de libertação dos oprimidos

Em primeiro lugar, deve-se atentar bem para o fato de que a nossa situação se acha profundamente modificada quando a comparamos com a do tempo de Lutero. Naquele tempo, a Igreja era a principal peça de reprodução do sistema social, de modo que as mudanças introduzidas por Lutero no campo religioso puderam repercutir imediatamente sobre o social. Hoje, a religião ocupa papel subsidiário. Em nossas sociedades de capitalismo, apesar de periférico e elitista, a atividade econômica constitui a atividade central e organiza hegemonicamente todas as outras, produzindo imensa marginalidade para o povo empobrecido. Isso significa que uma possível libertação não vem com mudança dentro do campo religioso sem uma explícita articulação com os demais, em nossa conjuntura, mais determinantes e dominantes. É a partir do sociopolítico e em permanente conexão com ele que o fator religioso pode mostrar-se libertador. Queremos indicar alguns pontos, ricos de conteúdo libertador, do evangelismo protestante.

a) O princípio protestante

Paul Tillich cunhou essa expressão[41] para exprimir a intuição fontal de Lutero. Ele se sublevou, em nome do Evangelho, contra a prepotência do poder

---

41. Ibid., p. 163.

sacro, contra o condicionado que usurpava a condição de incondicionado, contra o histórico que se apresentava como divino. O espírito protestante desmascara os ídolos religiosos e políticos e recusa-se a simplesmente legitimar o *status quo*. Tudo tem de entrar em processo de conversão e mudança, isto é, deve libertar-se de todo tipo de opressão, para ampliar o espaço da liberdade para Deus e para a ação livre do ser humano. O princípio protestante vai ajudar os próprios protestantes a se libertarem de seu moralismo burguês para se apoiarem no radicalismo evangélico, como o fez Lutero.

b) Recuperação do potencial libertador do Evangelho

A mais alta significação de Lutero foi sua profunda vinculação bíblica e evangélica. Num tempo em que o Evangelho era presa das elites ilustradas e clericais, Lutero o resgatou como *viva vox* e o entregou às mãos do povo. Na América Latina o Evangelho é lido e meditado em centenas de círculos bíblicos e milhares de comunidades eclesiais de base como a grande fonte de contestação profética do sistema de exploração e de compromisso libertador. O potencial libertador das Escrituras emerge quando são lidas à luz das perguntas que vêm da conflitividade social e do grito do oprimido. Esse intercâmbio entre Palavra de Deus e palavra da vida empobrecida e humilhada recupera a atualidade permanente da revelação e da ação salvadora de Deus instaurando seu reino contra as artimanhas do antirreino.

c) A fé que deslancha obras de libertação

Lutero nos ajuda a todos a entendermos que a libertação deslancha a partir do dom de Deus, que antes de qualquer ato histórico, por parte dos homens, toma a iniciativa. Essa consciência não desmobiliza as pessoas em seu engajamento de luta. Ao contrário, estimula-as com mais força a se lançarem na produção de boas obras na medida em que libertam o próximo. Nesse sentido, Lutero contrasta a *fides abstracta vel absoluta* (fora das boas obras) com a *fides concreta, composita seu incarnata* (ativa nas boas obras)[42]. Em função disso, pode Lutero falar de Cristo *actuosissimus* em seus membros que assimilaram as atitudes de Jesus Cristo e assim levam uma vida convertida e libertada[43]. Numa expressão concreta, sublinha que a fé deslancha por meio das obras feitas a partir do dom e da misericórdia[44]. Essas obras hoje não se podem reduzir ao âmbito da subjetividade sem repercutirem sobre as estruturas da sociedade. Para garantir eficácia à ação que nasce da fé, deve-se antepor uma análise dos mecanismos produtores de opressão e definir os passos concretos que visam à libertação. Nisso, tanto os católi-

---

[42]. Rhapsodia de loco iustificationis (1550): WA XXX 2, 659,13-21. • MANNS, P. "Fides absoluta – fides incarnata. Zur Rechtfertigungslehre Luthers im Grossen Galater-Kommentar". *Reformata Reformanda (Fest. H. Jedin)* I. Muenster, 1965, p. 265-312.

[43]. WA I, 364,23-28; cf. WICKS, J. "Il cuore della teologia di Lutero". *Rassegna di Teologia* 24, 1983, p. 110-125; 219-237: "Fede e giustificazione in Lutero".

[44]. WA XXX, 2, 659.

cos como os protestantes, devemos aprender a nos fazer discípulos de uma prática teológica diferente que saiba sem servilismos nem paralelismos articular o discurso da fé evangélica com o discurso social. É dentro dessa conexão que emerge o potencial libertador da fé cristã.

Para concluirmos, queremos fazer nossas as palavras da Comissão Mista Católico-Luterana Internacional, em seu documento de maio de 1983: "Consideramos conjuntamente a Lutero como testemunha do Evangelho, mestre da fé e voz que chama à renovação espiritual"[45].

Para nós, que vivemos na América Latina, o Evangelho necessita ser vivido de forma libertadora, a fé como produtora de um compromisso com os mais necessitados a partir da experiência da misericórdia primeira de Deus e da renovação espiritual como uma mística que una fé e política e construa a comunidade a partir de baixo, dos mais humildes, para que seja deveras a comunidade messiânica que prolonga a missão redentora e libertadora do Messias, cheio do Espírito, Jesus Cristo.

---

45. LUTERO, M. "Testemunha de Jesus Cristo, na secção 'Documentação'". *REB*, 1983, p. 830-836 (ed. castelhana, in: *Ecclesia*, n. 2.136, 6-13 ago. 1983, p. 15-9).

12
Que é ser intelectual e pensador?

Nossa cultura encontrou na escrita o meio privilegiado de conservar e de transmitir a experiência acumulada e transformada em saber. Ligada ao saber, encontramos a figura histórica do pensador e do intelectual. Como o cristianismo projeta a missão do pensador e do intelectual? Queremos concentrar nossa reflexão sobre o pensador como a categoria mais vasta que inclui as outras expressões do saber e do pensar, como aquela do intelectual. Inicialmente faremos um esforço de compreensão e de demarcação dos termos da questão. Em seguida queremos apresentar a figura de um pensador cristão de nosso século que procurou acercar-se do ideal cristão do pensador e do intelectual cristão: Alceu Amoroso Lima ou, em seu pseudônimo, Tristão de Athayde.

1 O intelectual e o pensador numa sociedade de classes

Qual é o estatuto do pensador? Qual a sua função, especialmente, numa sociedade de classes no quadro de nossa cultura que privilegia a racionalidade instrumental e a subjetividade? Que tipo de discurso ele produz? Como se relaciona com os vários exercícios da razão?

O pensador tem a ver com o pensamento. Sua prática se situa no nível ideológico, e os bens que produz são simbólicos.

Que significa pensar, e pensar radicalmente? Essa interrogação pertence à nossa mais alta tradição filosófica, desde os pré-socráticos até Heidegger[1]. A resposta não é fácil porque trata-se aqui de um conceito-limite e de uma experiência irredutível; somente no processo de pensar o pensamento se mostra em sua identidade. Ele implica e supõe vários passos e diferentes processos; em todos eles se revela e também se vela.

Ser pensador, num sentido radical, não é uma atribuição exclusiva de algumas pessoas. Todos são pensadores, na medida em que o homem é um ser pensante; o que nem todos exercem é a *função* de pensadores, especialmente, em nossa sociedade de classes[2].

Qual seria então a função *específica* do pensador? Para captá-la, importa distingui-la de outras funções nas quais entra também o pensamento. Distinguimos o pensador do:

---

[1]. Não queremos deixar de acenar para dois filósofos brasileiros que se têm ocupado detidamente com a questão: BUZZI, A.R. *Introdução ao pensar*. Petrópolis: Vozes, 1985. • LEÃO, E.C. *Aprendendo a pensar*. Petrópolis: Vozes, 1977.

[2]. Conhecida é a frase de Antonio Gramsci: "Todos os homens são intelectuais... mas nem todos os homens exercem na sociedade a função de intelectuais" (*Gli intellettuali e l'organizzazione della cultura*. Opere 3, Giulio Einaudi, 1955, p. 6).

- *Cientista*: é o produtor de um saber especializado constituído em um sistema chamado ciência. Cada ciência possui seu objeto teórico próprio (pertinência) que é apropriado por um saber regrado. A ciência se instaura no momento em que se cria uma ruptura epistemológica em face das evidências imediatas, demarca-se o campo teórico e se produz o conceito mediante o qual se constrói o objeto do conhecimento[3]. Própria da ciência é a análise, pela qual se captam as leis que presidem o real. A ciência moderna se apresenta como um saber operativo; historicamente, surgiu como exigência da produção capitalista[4]; esta só conseguiu realizar seus ideais econômicos, políticos e ideológicos mediante a grande empresa científico-técnica. O ideal dos pais da ciência moderna se regia ainda pelo conceito clássico de razão; segundo este, concebia-se a razão como uma qualidade de todo o real, qualidade esta que se realizava de forma particular e excelente no homem, ser racional. Ao ser aproveitada, lentamente, no processo social das classes dominantes, a razão passou a ser concebida apenas como uma qualidade subjetiva do homem sem referência à objetividade do real. A razão individual não se orienta mais pela racionalidade universal, mas pelo poder que decide o que deve

---

3. Cf. BACHELARD, G. *La formation de l'esprit scientifique*: contriburion à une psychanalyse de la connaissance objective. Paris: [s.e.], 1972. • JAPIASSU, H. *Para ler Bachelard*. Rio de Janeiro: Francisco Alves, 1976. p. 33-48.

4. Cf. MUMFORD, L. *Técnica y civilización*. Buenos Aires: Alianza Editorial, 1971 [esp. cap. 4-6].

ser tido como racional e o que não; ela é função do poder dominante que produz, estoca, compra, vende, comercializa o saber científico. De acordo com as exigências das classes dominantes[5]. Despojada de qualquer vinculação com a racionalidade objetiva, renunciando a ser instância que julga o real, ela degenera em agência executiva do poder. O cientista vem assimilado inteiramente ao imenso aparelho produtivo da sociedade moderna. Sabe cada vez mais sobre cada vez menos; porque se formaliza cada vez mais segmentando a realidade, corre o risco de se transformar em um idiota especializado ou em um especialista idiotizado; somente sabe acerca de sua especialidade, fazendo-se incapaz de aprender, de transformar os impactos que recebe da realidade objetiva em conhecimento, em linguagem e em comunicação humana. É a razão transformada em estupidez (Horkheimer)[6].

---

5. Cf. HORKHEIMER, M. *Eclipse da razão*. Rio de Janeiro: Editorial Labor do Brasil, 1976 [cap.: "Meios e fins", p. 11-67, esp. 29s.].

6. Observe-se a irracionalidade da razão operacional no que Philippe Saint-Marc escreve em *Le sauvage*: "Se todos os franceses fossem, neste ano (1974), vítimas de um acidente rodoviário e tivessem que amputar uma perna, seriam muito mais felizes – segundo os economistas oficiais – visto que tais acidentes acelerariam o crescimento econômico. De fato, seria preciso fabricar cinquenta milhões de pernas de madeira – e daí uma grande expansão industrial – depois implantá-las – daí também um grande aumento de atividades médicas e cirúrgicas. Na economia atual, os acidentes de trânsito, as poluições, o alcoolismo, os acidentes de trabalho, o consumo de drogas, são motores do crescimento e, portanto, da 'prosperidade'. Quanto mais infelizes somos, mais se eleva o Produto Nacional Bruto (PNB) e nos tornamos mais 'ricos': tremenda mistificação que, aliás, só engana aos que nos governam" (apud RIOUX, M. "Os intelectuais e a liberdade". *Concilium*, n. 101, 1975, p. 68).

- *Erudito*: é aquela pessoa que acumula um saber enciclopédico, haurido dos diferentes campos do saber; não produz, propriamente, um saber novo, a não ser mediante uma *ars combinatoria* dos elementos já conhecidos. O erudito é o homem do livro, da curiosidade intelectual, consumidor insaciável no mercado dos bens simbólicos.
- *Culto*: é aquele que acrescenta à erudição a apreciação e o julgamento. Saboreia o saber naquilo que revela de humanismo e de sentido de vida; a cultura se acha ligada a uma dimensão de desinteresse e ao reconhecimento do valor do saber pelo saber enquanto ele é a manifestação da verdade e da contemplação do sentido da realidade.
- *Professor*: é o administrador de um saber acumulado. Ao professor não se pede ser um produtor de saber, mas um transmissor, embora muitos produtores de saber sejam também professores.
- *Tecnocrata*: é o operador do saber em função do poder; cada sociedade possui seu corpo de peritos a serviço das decisões do *establishment*, seja do aparelho de Estado, seja dos grandes aparelhos produtivos da sociedade civil. É o homem do *savoir-faire*, incidindo o acento no aspecto do fazer e da operatividade que busca eficácia, seja para conservar, seja para transformar.
- *Filósofo*: é aquele que reflete sobre o ser que se deixa entrever em todos os entes concretos. A tradição ocidental consagrou duas grandes linhas na preocupação filosófica: uma ontológica e outra ética. Em sua contemplação, o filósofo

prescinde (não significa que desconheça) das determinações concretas dos entes (patrão/operário, substancial/acidental, etc.) e tenta pensar o ser enquanto ser (ontologia). É admirável que algo seja! A realidade não é apenas diversidade; é antes identidade de um mistério (Ser) que se dá e se oculta na diversidade. O pensamento filosófico enquanto ontologia constitui o mais alto grau de abstração a que alcança o espírito humano. Sempre esteve presente na preocupação filosófica a busca da relação justa do homem (ética) com o ser e com os diferentes entes (mundo, sociedade, o outro e Deus). Não só a Verdade Suprema como também o Supremo Bem constituem o fascínio do espírito filosofante. E o homem somente é feliz mediante a justeza de suas relações na senda da ética; esta a convicção dos grandes mestres do pensamento filosófico.

• *Intelectual*: é aquele que se ocupa com a inteligência do sentido realizado e presente em toda a atividade humana, seja pessoal, social, científica ou religiosa. O intelectual tem a ver com a inteligência (*intellectus*). Inteligência não é sinônimo puro e simples de razão. Razão, etimologicamente, refere-se a contar, enumerar, analisar (*reor*, em latim); é uma das funções do espírito, privilegiada pela modernidade buscando o elenco e a explicação dos fenômenos analisáveis. Inteligência se reporta a algo de mais profundo, à capacidade de intuir e de ler no interior da realidade (*intus-legere*, em latim) um sentido e um valor. O intelectual é o homem da totalidade mais do que do fragmento, da síntese mais do que da análise. Nas diferentes práticas históricas, vê o homem, seu destino, sua realização ou sua frustração em jogo. Porque se acha para além da razão analítica, isso não significa que o intelectual renuncie à razão e dispense os conhecimentos científicos. Antes pelo contrário: deverá possuí-los com certa profundidade; não é um especialista, mas alguém que está seguramente orientado nos distintos campos do saber. Mas deverá atravessar a racionalidade e o poder, com independência e liberdade, denunciar as loucuras da razão e identificar o sentido humano ou sua frustração na história vivida pelos seus contemporâneos ou os de sua classe. Parece-me poder discernir três momentos constitutivos do intelectual[7]. Nem todo cientista, nem todo artista, nem todo sacerdote é já sem mais um intelectual. Para isso, precisa cumprir os seguintes quesitos:

a) *Descompromisso*: pertence ao intelectual certo grau de desvinculamento da realidade em

---

[7]. Sobre o tema existe abundante literatura: BONDIN, L. *Les intellectuels* (Que sais-je? 1001). Paris: [s.e.], 1962. •VV.AA. *Macht und Ohnmacht der Intellektuellen*. Hamburgo: [s.e.], 1968 [HOFFMANN, K. (org.)]. • BON, F. & BURNIER, A. *Les nouveaux intellectuels*. Paris: [s.e.], 1971. • GEIGER, Th. "Intelligenz". *Handwörterbuch der Sozialwissenschaften*, n. 5, 1956, p. 302-304. • GOFF, J. *Les intellectuels du Moyen Age*. Paris: [s.e.], 1957. • VV.AA. *On Intellectuals*, Theoretical Studies, Case Studies. Nova York: Doubleday and Company, 1969; todo o número da revista internacional *Concilium*: "Os intelectuais e a Igreja", com farta bibliografia, n. 101, 1975, p. 5-126.

que vive; distancia-se dela e contempla-a a partir de uma visão mais alta; supera o insulamento dos vários saberes e percebe a sua ordenação ou não a um sentido humano. O intelectual não é somente filho do seu tempo, mas de todos os tempos; não considera a realidade apenas a partir do jogo de interesses do presente, mas nas suas raízes passadas e na sua abertura ao futuro. Por causa dessa distância, o intelectual tem "a possibilidade de um pensamento social não distorcido"[8].

b) *Crítica*: essencial ao intelectual é a reflexão independente e a liberdade, que lhe permite alargar a base de suas informações e de seus juízos. O intelectual é essencialmente um crítico. Sem a crítica, o intelectual é um pseudosservidor do *intellectus* em função de uma ideologia faraônica, um cortesão dos poderosos que não precisam da razão porque detêm as *raisons d'État*. O despertar da consciência crítica no século XI possibilitou a emergência do intelectual[9]. A inteligência, subordinada ao coro das Igrejas, passa a se exercer na *schola* das catedrais; aqui vige a independência da razão; surgem os *magistri*, cujo protótipo foi Abelardo (1079-1142); é próprio do *magister* a reflexão

---

8. MARTON, R. *Social Theory and Social Structure*. Londres: [s.e.], 1957, p. 507.

9. Cf. WEILER, A. "Intelectuais na Igreja: síntese histórica". *Concilium*, n. 101, 1975, p. 7-19.

científico-racional, o comprometimento com a verdade para além dos interesses feitos. O crítico julga, discerne, desmascara. Rasga o disfarce das razões da subjetividade (poder) em nome das razões da objetividade (realidade). A crítica não é necessariamente destrutiva; o momento acrisolador é apenas um momento necessário no processo de construção de uma visão mais plena do que aquela vivida pelo grupo. Por isso o intelectual é o homem da segunda inocência (Hegel); a primeira foi destruída pelo pensamento crítico. No dizer de Gramsci, que muito meditou a função dos intelectuais, o intelectual elabora criticamente a atividade intelectual que existe em cada homem[10].

c) *Compromisso*: o intelectual não vive no ar; é um ator social e participa da composição das forças sociais; possui o seu lugar social a partir do qual elabora sua visão[11]; é aqui que se situa o seu compromisso histórico. Cada classe ou grupo possui seus intelectuais, vale dizer, aqueles que elaboram a consciência da classe e do grupo, de seus interesses, valores e reivindicações. Também os proletários possuem seus intelectuais, não apenas aqueles que passaram pelas academias; a distância e a crítica não são apanágio somente da prática teórica, mas po-

---

10. GRAMSCI, A. *Gli intelletuali...* Op. cit., p. 7.
11. BARROS, J. *Função dos intelectuais numa sociedade de classes.* Porto Alegre: Movimento, 1977.

dem bem sê-lo também da prático-prática; a práxis e a luta ensinam e dão origem a um tipo de intelectual.

É ingenuidade pensar que exista o intelectual puro, desvinculado das forças sociais. O problema não reside em querer estar desvinculado; as próprias práticas do intelectual já o inscrevem na objetividade do social, pouco importando se ele queira ou não. Assim há intelectuais que, por sua prática intelectual (simbólica), reforçam o *status quo* em sua conservação ou reforma, e há outros que secundam os movimentos portadores de alternativas sociais, revolucionárias e libertárias. Ambos podem estar organicamente ligados às respectivas classes. Pertence ao momento crítico do intelectual dar-se conta de seu compromisso real com determinados grupos e suas opções, inclusive cristãs.

Como se depreende, o intelectual é um pouco a súmula dos vários exercícios da razão; pode ser um cientista, um erudito, culto, professor, filósofo. Ele está, de certa forma, para além de cada uma dessas determinações. Ele mostra o que o espírito pode, como capacidade de sintetizar, de elaborar uma visão holística, de desentranhar o sentido humano e ético de todos os empreendimentos históricos[12].

Que é um *pensador*? É o intelectual-filósofo (eventualmente teólogo); enquanto intelectual, o pensador vive numa distância crítica e num comprometi-

---

12. Cf. LADRIÈRE, J. *Les enjeux de la rationalité*. Paris/Montaigne: Aubier/Unesco, 1977, p. 137-159.

mento concreto por um sentido da trajetória humana; enquanto filósofo busca em tudo um sentido transcendente e último. O intelectual está ligado à visão; o pensador, à contemplação. O pensador é o homem de espírito. O espírito não é sinônimo de razão. Essa identificação gerou o racionalismo, cujas nefastas consequências somente hoje avaliamos devidamente[13]. A razão é *esprit de géometrie*, enquanto o espírito é de *finesse* (Pascal); sabe apreciar todas as manifestações da vida, também aquelas irracionais e arracionais. O espírito é transcendência, ética, estética, metafísica. Ele é sensível ao sentido do mistério, à grandeza e à miséria humana. Faz-se capaz de ler a realidade como símbolo de um Mistério que habita o próprio espírito. Por isso existe uma sacralidade própria do espírito. É tarefa do espírito discutir os fins, e não apenas perder-se nos meios. É nessa dimensão que emerge sua postura ética, fundamental para todo pensador. Ele é o guardião dos grandes ideais da humanidade; não se preocupa tanto com os *como*, mas principalmente se preocupa com os *porquês*. O pensador não é apenas aquele que pensa segundo a gramática correta, mas fundamentalmente é aquele cujo espírito está sempre aberto para aprender, para receber da realidade, assimilar e transformar em linguagem humana. O pensador, a partir de uma captação mais profunda do sentido da história, pode anunciar e testemu-

---

[13]. Cf. KOLAKOWSKI, L. Der Rationalismus als Ideologie. In: *Traktat über die Sterblichkeit der Vernunft*. Munique: Piper, 1977, p. 206-67, esp. 244-252.

nhar a verdade em oposição às ideias dominantes; pode produzir o oposto à satisfação e ser repudiado pela humanidade. Somente o pensador pode ser um mártir em testemunho de uma verdade que não é posse de ninguém, mas instância que julga a todos, também a ele.

Pensador não existe apenas no âmbito da cultura ilustrada. Como pensar é um atributo de todo ser humano, assim existe o pensador popular que, dentro da gramática simbólica e narrativa, debruça-se sobre o sentido da realidade e a expressa com igual força e, não raro, até com mais vigor que o pensador clássico. Atualmente, a par da mobilização popular, emergem os pensadores populares como os órgãos naturais de comunicação dos anseios e lutas dos oprimidos, do questionamento do tipo de sociedade sob a qual sofremos e dos valores ainda não perdidos da cultura popular.

2 O lugar do pensador e o gênero de seu discurso

Evidentemente, como qualquer outro agente social, o pensador ocupa também ele o seu lugar (social). Seu pensamento é forçosamente ubicado: como cada setor social possui seus intelectuais, assim também possui seus pensadores. Numa sociedade de classes, possui também sua função orgânica; entretanto, o pensador não se deixa consumir plenamente numa determinação de classe; seu compromisso é com a verdade a ser pensada e testemunhada acima de qualquer conveniência, *opportune et importune*; a ignorância e o mascaramento não ajudam a ninguém e prejudicam a todos. Existe uma instância que não cabe dentro dos interesses dos grupos sociais, que na grande ópera da vida desempenham o seu papel. Eles não produzem a verdade nem a podem interpretar, a longo tempo, ao seu bel-prazer. Ela os julga; a verdade suprema não é julgada pelo veredicto da história; é ela que julga a própria história. Pensar a verdade dessa forma é a coragem do pensador. Por isso, sua posição social é incômoda por não ser totalmente redutível aos critérios de um lugar. Seu lugar próprio é aquele filosofante, tão próprio da tradição do pensamento ocidental: sempre de novo repensa os próprios fundamentos, questiona seus próprios pressupostos, constata o círculo vicioso de todo pensar e faz-se capaz de transformá-lo em círculo virtuoso ao retomar, permanentemente, as velhas questões que se tornam novas ao serem sempre re-postas[14]. Em outras palavras, o pensador comprova que o espírito, apesar de ubicado concretamente num lugar social e epistêmico determinado, não se exaure jamais nessa determinação, mas alcança e conserva a sua universalidade. Por isso, há questões que simplesmente são humanas, e não mais inscritas no estatuto de classe burguesa ou proletária, hegemônica ou subalterna. A existência do pensador sempre nos faz recolocar a questão

---

14. Sobre essa questão, cf. os marcos teóricos bem discutidos em: BOFF, C. *Teologia e prática* – Teologia do político e suas mediações. Petrópolis: Vozes, 1978, p. 281-304.

fundamental: Que é o espírito humano? O que ele pode? A que é chamado? É uma sobre-estrutura do econômico? Constitui uma função da vontade de poder? Trata-se de uma excrescência da vida? Ou, antes, não possui ele sua entidade própria? Sua irredutibilidade? Não é ele, antes, o mais alto que existe no homem? Não é a luz pela qual vemos a Luz?

Que tipo de discurso produz, normalmente, o pensador? Não é o discurso do cientista, nem do filósofo, que possuem sua gramática própria. Não é o discurso do poder com seus imperativos e força elocucionária. O pensador, sem querermos alongar-nos nessa questão, não se atém a nenhuma região do saber com seu jogo de linguagem. Ele transita pelos vários campos. Seu discurso se constitui, no bom sentido da palavra, numa *mixagem* semântica. Mistura os discursos, combina os jogos. O que lhe faz evitar a confusão semântica é a função que confere à utilização dos distintos discursos: todos eles estão a serviço da comunicação do *universale humanum*; como se situa no nível das questões fundamentais, ora filosofa como um filósofo, ora evoca como um poeta, ora raciocina como um especialista, ora adverte como um moralista, ora universaliza como um humanista, ora assume um tom sacerdotal, ora extrapola como um místico. Seu discurso é aquele de todo mestre do espírito: ensina, adverte, conclama, profetiza, conservando o *tonus firmus* sobre as questões atinentes ao sentido sem o qual a vida perde a sua dignidade e o mérito de ser vivida.

3 Alceu Amoroso Lima, pensador e testemunha do espírito

Depois de termos processado essas penosas demarcações semânticas, queremos deter-nos num pensador e intelectual de grande envergadura que deixou filtrar toda a sua experiência secular e moderna pelo crivo cristão, Alceu Amoroso Lima (pseudônimo literário Tristão de Athayde). Como dissemos, vemos nele uma encarnação excepcionalmente feliz do ideário cristão acerca do pensador e do intelectual e de sua missão na sociedade de classes atual[15].

> Alceu Amoroso Lima (Tristão de Athayde) nasceu no Rio de Janeiro, a 11 de dezembro de 1895. Formou-se em direito em 1913. Exerceu a advocacia até 1916. Teve uma rápida passagem pelo Itamaraty durante o ano de 1917. De 1918 a 1957, presidiu a Companhia de Fiação e Tecidos Cometa. Iniciou sua carreira de crítico literário em *O Jornal*, em 1919. Foi reitor da Universidade do Distrito Federal em 1958, onde lecionou sociologia na Faculdade de Filosofia. Foi também professor catedrático de literatura brasileira na Faculdade de Filosofia da Universidade do Brasil. Entre 1951 e 1955, dirigiu o Departamento Cultural da União Pan-Americana, em Washington. Foi colaborador de diversas revistas e jornais brasileiros e estrangeiros e nos últimos anos escrevia um artigo semanal no *Jornal do Brasil* e na *Folha de S. Paulo*. Pronunciou conferências e deu

---

15. Cf. ARAÚJO, Dom E. de. *O leigo na Igreja*: um precursor do Vaticano II: Alceu Amoroso Lima. Petrópolis: Vozes, 1971.

cursos em várias universidades europeias e norte-americanas. Como líder católico, dirigiu durante muitos anos o Centro Dom Vital, presidiu a Junta Nacional de Ação Católica e foi secretário-geral da Liga Eleitoral Católica. Foi ainda um dos fundadores do Movimento Democrata Cristão na América Latina. Foi o intelectual e pensador brasileiro que mais resistiu e criticou o arbítrio que se instalou no Brasil com a ascensão dos militares ao poder de Estado, a partir de 1964. Elencamos aqui apenas algumas de suas obras (somam mais de cem) que ajudaram a Igreja do Brasil a definir melhor sua notória consciência social: *Esboço de uma introdução à economia moderna*; *Problemas da burguesia*; *Introdução ao direito moderno*; *No limiar da idade nova*; *O Espírito e o mundo*; *Idade, sexo e tempo*; *Meditação sobre o mundo moderno*; *A Igreja e o mundo novo*; *Revolução Suicida*; *Memórias improvisadas*; *Tudo é Mistério*.

Faleceu em Petrópolis, a 14 de agosto de 1983.

Alceu Amoroso Lima realizou em alto grau quase tudo o que dissemos acima acerca do erudito, do culto, do professor, do filósofo, do intelectual e, principalmente, do pensador[16]. Depois de "andar,

---

16. Em seu prefácio às *Memórias improvisadas*, de Alceu Amoroso Lima, escreveu A. Houaiss: "Realça um aspecto no retrato, não direi de corpo, mas de espírito inteiro de Alceu Amoroso Lima nestas páginas – o do pensador [...] Homem sem especialidade, especialista de ideias gerais, essa é bem uma possível definição de Alceu Amoroso Lima, que ele não hesita em propor para si mesmo, não sem uma ponta de ironia ou de autocrítica – neste caso improcedente" (Petrópolis, 1973, p. 13).

por muitos anos, tateando como um catacego à procura dele mesmo, pelos caminhos da advocacia, da diplomacia, do jornalismo e até mesmo da indústria"[17], converteu-se (reconverteu-se, como ele mesmo prefere) ao catolicismo e aí já despontou como um pensador pronto. Desde jovem, enchia-o uma interrogação que é o vírus de todo pensador: a sede de totalidade, de uma verdade plena, de uma decisão fundamental[18]. A volta à verdade cristã (1928) fê-lo dizer adeus à disponibilidade[19] e assumir teórica e praticamente o caminho exigente do compromisso da fé:

> Ao converter-me, não me recolhi a um porto, mas parti para o mar alto. A minha disponibilidade anterior, o meu diletantismo, era a irresponsabilidade. Hoje estou convencido de que a exigência maior do Brasil não é apenas o desenvolvimento, mas também, e sobretudo, a liberdade. A dignidade humana exige a liberdade; a liberdade exige a justiça; a liberdade e a justiça exigem a responsabilidade. A conversão, antes de me afastar dos problemas políticos e sociais, me levou a neles aprofundar ainda mais a minha consciência[20].

---

17. LIMA, A.A. *Adeus à disponibilidade e outros adeuses*. Rio de Janeiro: [s.e.], 1969, p. 273.

18. Cf. LIMA, A.A. *João XXIII*. Rio de Janeiro: [s.e.], 1966, p. 157.

19. Trata-se da famosa carta de Alceu a Sérgio Buarque de Holanda levando exatamente este título: Adeus à disponibilidade (cf. *Adeus à disponibilidade...* Op. cit., p. 15-20).

20. Cf. LIMA, A.A. *Memórias...* Op. cit. Petrópolis: Vozes, 1973, p. 117 [Diálogos com Medeiros Lima].

Ao pensador soma-se o católico. Como se depreende do texto acima referido, a fé não lhe significou nenhum limite, mas abertura para o ilimitado, a eclosão de uma plenitude e não o aparecimento de um obstáculo[21]. Efetivamente, nele a fé emerge como uma caixa de ressonância. Ela não modifica a tecedura dos eventos; capacita ao crente captar a modulação transcendente que se articula em todos os fatos. Nessa escuta, Alceu se mostrou um mestre, um sábio e até um santo. Como poucos neste país, soube compreender os desafios vindos dos desumanizados, dos "zeros econômicos" (Houaiss) e dos humilhados da terra e traduzi-los em interpelação à consciência humanística e cristã. É um espírito da Totalidade, refratário a todas as visões estanques e pequenas; mas essa Totalidade jamais é abstrata, pois compreendeu que somente chegamos a ela pela mediação do particular da luta pela justiça, pela liberdade, pelos oprimidos, torturados e vítimas da prepotência dos opressores.

Gostaria de, em poucos pontos, testemunhar o significado de Alceu como pensador (católico) para a tarefa teológica. Inicialmente, meu testemunho

---

[21]. Cf. "Metanoia", artigo de Tristão de Athayde no *Jornal do Brasil* de 17/08/1978: "Longe de ser a fé um cubículo fechado entre quatro paredes dogmáticas, revelava-se, vivida por dentro, como uma plenitude. Como os vitrais de uma catedral (a que aludira em tempo Leonel Franca), que vistos por fora nada mostram e vistos de dentro são maravilhas de beleza, a experiência me revelava a Fé, não como um cárcere, mas como a chave da prisão que me abria os caminhos do ar livre e da verdadeira levitação do espírito".

está ligado à comezinha rotina de um convento de estudos em Petrópolis. Há muitos e muitos anos, celebra-se todos os dias, exatamente às 7 horas, numa pontualidade herdada do espírito alemão da Casa e ditada pelo toque do relógio da torre, uma missa com parca assistência de povo. Desde que comecei como jovem teólogo e frade, sabia que essa era a missa do Tristão de Athayde. Sabíamos pela missa quando se encontrava em Petrópolis e quando estava fora. Depois que se aposentou como professor no Rio, mudou-se para Petrópolis. E, fazia sol ou chuva, castigava-nos o frio ou sorria-nos o bom tempo da serra, aí estava ele, sempre no mesmo banco, com o seu missal na mão, a velha pasta ao lado, a figura ereta, forte, a cabeça coberta de neves, o rosto sereno, assistindo sua missa diária. Lembro-me, como jovem teólogo, que com outros íamos ao coro da igreja, para ver, ao longe, por trás, aquele que admirávamos dos livros e dos artigos que recortávamos dos jornais. O respeito impedia-nos de procurá-lo. E ficávamos enriquecidos apenas com vê-lo sem sermos vistos.

É uma cena corriqueira. Mas talvez ela guarde o segredo da vitalidade que possuiu esse homem, por certo, uma das inteligências mais completas deste país, no século XX, e um dos nomes mais celebrados da América Latina. No contato com o Mistério que Alceu viu espelhado nos tantos ângulos do saber pelo qual transitou, alimentou a sua surpreendente juventude, não apesar, mas com os seus quase noventa anos, a ponto de confessar: "Sinto-me mais moço na velhice do que o fui na mocidade"[22].

a) A convivência da fé e da inteligência

Em primeiro lugar, a trajetória e a pessoa de Alceu Amoroso Lima vêm elucidar um dos momentosos problemas internos da Igreja. Ela se debate – e o Vaticano II significou um impulso extraordinário nessa direção – com o problema da conciliação, convivência e interpenetração da fé com o espírito da modernidade, por mais contraditório que ele se apresente. Esse espírito, com os paradoxos que assinalamos acima, foi, historicamente, exorcizado pela instituição da Igreja, porque representava uma totalidade nova e diferente daquela medieval com a qual a fé se harmonizara, fizera sua tão celebrada síntese e com que se havia, profundamente, comprometido. É o espírito da autonomia da razão, do exercício da racionalidade científica, aplicado em todos os campos, a conquista de liberdades mais amplas para as pessoas, a empresa técnica com suas obras faraônicas. Surgiu toda uma cultura, fora dos quadros da Igreja, sem ela e, às vezes, contra ela. Somente no século XX, tentou-se, de forma mais profunda e ade-

---

[22]. Disse-o por ocasião de seus oitenta anos: *Memórias...*, cit., p. 333. Em 1929, em sua *Tentativa de itinerário,* podia escrever: "Para nós, então, que sabemos que a Verdade brilha até a consumação dos séculos, solitária e imutável, ao alto de uma colina trágica, para nós não há moços e velhos de idade, há apenas moços e velhos de coração" (in: *Adeus à disponibilidade...*, cit., p. 22). Este tema sempre volta no ideário de Alceu: a fé lhe significou jovialidade e juventude no viver.

quada, uma síntese com essa cultura eminentemente leiga e libertária, portadora de grandes ideais e imensos riscos de dominação.

Alceu Amoroso Lima é filho dessa cultura. Não passou pelo tirocínio eclesiástico com seu senso de autoridade, apego à tradição e vinculação com um passado medieval. Ele é um homem da modernidade. Regressando à fé, trouxe sua bagagem cultural para dentro do novo horizonte que assumira. Não jogou fora nada de seus grandes valores[23]. Enriqueceu-os com a experiência e a sabedoria cristã. Toda a sua vida – é assim que a distância o vemos – significou a elaboração de uma síntese viva entre o espírito moderno e a vida cristã. Essa síntese não foi teórica, mas concreta e pessoal. Em sua pessoa vê a unidade, quase mística, das duas grandes tradições naquilo que elas possuem de melhor. É um homem de fé, mas que honra a fé com a inteligência. É um homem de inteligência, mas que possibilita à inteligência desabrochar na fé com a sabedoria que ela comunica.

Sem trair nem a fé nem o mundo, mostra-nos que é possível ser homem do nosso século e o homem da fé de sempre. A síntese não é composta de justaposições, de bilinguismos mal-arranjados, mas a partir de um coração que crê e que articula a fé nos marcos do espírito moderno.

---

23. Cf. LIMA, A.A. *Memórias...* Op. cit., p. 120: "A conversão e as influências de Jackson sobre mim não chegaram a alterar as minhas ideias anteriores. Continuei sendo o mesmo homem, para quem a ideia da liberdade estava ligada à ideia da justiça" (cf. tb. p. 117).

Creio que ninguém em nossa história pátria, nem na intelectualidade da América Latina, logrou uma síntese tão bem articulada e com tanta credibilidade pública como Alceu Amoroso Lima. Ele constitui hoje um patrimônio da fé e da cultura civil.

b) A articulação dos sentidos no sentido supremo

Em Alceu admiramos uma outra síntese, árdua e alcançada por poucos e privilegiados espíritos, aquela que unifica os vários discursos científicos dentro de uma visão sapiencial da existência. A ciência elabora discursos regionais (sentidos) a partir de sua pertinência específica. Alceu dominou muitos desses discursos regionais. Praticamente todas as grandes áreas do saber foram por ele visitadas, como a da história das religiões, da sociologia, da economia, da política, do direito, da pedagogia, sem falar da estética e crítica literária. Mas foi além dos dialetos próprios das ciências; alçou-se a uma visão universal (sentido dos sentidos), contemplando a existência e o destino do homem em causa nas causas da ciência. Soube articular um discurso no qual sempre tivesse lugar o sentido supremo da história. Para isso serviu-se do instrumental aristotélico-tomista, não como um administrador servil de um saber já construído, mas como um verdadeiro pensador que, mais do que as palavras e os instrumentos teóricos, vê e deixa falar as realidades. Alceu significou no pensamento brasileiro o feliz encontro entre o saber científico e sua imbricação com a filosofia[24] em função do esclarecimento do problema humano na dimensão pessoal, social, histórica e religiosa. E não parou nisso. Abeirou-se da sabedoria pelo caminho da teologia, recolocando os problemas num horizonte mais vasto e transcendente, atingindo Deus e sua encarnação em Jesus Cristo.

O momento religioso em Alceu não vem de fora, *ex-abrupto*, como num falso fideísmo. Encontra suas mediações, atravessando todos os discursos. Por isso, sua palavra não soa como pieguice nem como mistificação, mas como palavra de sabedoria que, por ser sabedoria *mentis et cordis*, tudo compreende e integra.

c) O universal encarnado no particular

Há uma outra dimensão que impressiona na vida e na atividade de Alceu Amoroso Lima. É o conteúdo nacional que confere ao seu pensamento. Por extração, pertence à elite intelectual e social. Recebeu da sociedade e da natureza, da formação e do estudo o melhor que nosso mundo pode oferecer. Mas não se fez um ideólogo do saber e dos de sua classe. Pertence à elite cognitiva, mas tornou-se da elite orgânica, assumindo como suas as questões e os anelos

---

24. Cf. VAZ, H. O pensamento filosófico brasileiro hoje. In: FRANCA, L. *Noções de história da filosofia*: "A extraordinária lucidez e o equilíbrio ingênito do espírito de Tristão orientam-no como que naturalmente para o tomismo como para a forma mais viva e atuante do pensamento metafísico clássico" (p. 367).

dos desfavorecidos, que são maioria na sociedade brasileira. A inteligência brasileira tradicional foi cosmopolita, elitista, descentrada dos verdadeiros problemas nacionais, com os pés no Brasil, mas com a cabeça na França, na Inglaterra ou nos Estados Unidos. Em Alceu percebe-se a unidade bem lograda entre teoria e prática. Certamente seu conhecimento de nossa literatura, da qual foi um dos mestres da crítica, o fez um homem sintonizado com a paixão de nosso povo, "capado e recapado, sangrado e ressangrado" (C. de Abreu) ao longo de toda a nossa história. Soube construir a difícil síntese entre o saber universal que coloca os problemas em seu devido campo problemático para além dos regionalismos e a concreção histórica de um povo.

A fé cristã o ajudou a dar adeus à disponibilidade particular e interesseira e a pôr-se a serviço e em disponibilidade para as grandes questões nacionais, algumas com teor verdadeiramente messiânico, como aquelas dos direitos humanos, da dignidade inviolável da pessoa contra a prepotência da repressão policialesca. Creio que se pode dizer: Tristão de Athayde representa hoje, mesmo depois de sua morte, o que de melhor a inteligência nacional produziu como presença constante e global por mais de cinquenta anos.

d) O pensamento que se faz profecia

A partir de uma ótica teológica, impressiona em Alceu a coragem profética presente em suas intervenções a partir de 1964. A teologia conhece um termo técnico, usado pelos apóstolos e por toda a Igreja primitiva. Igreja de mártires, experimentada nas perseguições: *parrhesia*, vale dizer, o falar com soberania e coragem, dizer a verdade sem compromissos, anunciar e denunciar mesmo correndo riscos de ordem pessoal[25]. Desde 1964, semanalmente pelo *Jornal do Brasil* (diário do Rio de Janeiro), Alceu representava a consciência nacional, moral, humanista e cristã ainda não dominada e envergonhada. Já na primeira hora, foi ele quem denunciou a impostura do terrorismo cultural, as tentativas sucessivas do afogamento da inteligência, o amordaçamento das liberdades, a automagnificação de um poder que se estabelecia como última instância, julgando a todos, não tolerando ser julgado por ninguém. É essa dimensão profética em nome de valores elementares do *humanum* que mais caracterizou a personalidade e a atividade do mestre Alceu, nos seus últimos vinte anos. Emprestou sua respeitabilidade, sua autoridade moral, para fazer eco às vozes sufocadas, desde vozes de mães cujos filhos desapareceram até de bispos silenciados e perseguidos. Surpreende-nos o fato de ele mesmo não ter sido punido. Pudera! "Tristão de Athayde, c'est aussi le Bré-

---

[25]. No tempo de Vargas, o DIP publicara uma determinação segundo a qual se exigia uma autorização, ao sair do Rio, de levar livros ou outros escritos. No dia em que Vargas estava presente na Academia Brasileira de Letras, Alceu fez um veemente protesto. Vargas escutou calado. No dia seguinte o DIP revogava a decisão. "Nem sempre é inútil e perigoso dizer a verdade aos poderosos" (*Memórias improvisadas*. Op. cit., p. 103-104).

sil!"[26] O próprio poder autoritário recuou diante de um poder, fraco em meios, mas com uma autoridade moral que o envergonhava. Sua denúncia nunca perdeu seu alto nível. Soube sempre se situar num horizonte inatacável e aberto, para além do ideológico, moda do dia, sem qualquer concessão ao rancor ou à lamúria[27]. Atacado e até caluniado, jamais se defendeu. A verdade brilha com luz própria, não emprestada; ela mesma se encarrega de desfazer as mentiras. Suas tomadas de posição vêm imbuídas de uma jovialidade e esperança contra toda esperança. Não é um Dom Quixote de utopias, mas um batalhador em prol do mínimo de dignidade, fundamento de toda e qualquer grandeza de uma sociedade ou de uma nação.

Talvez a palavra-chave do ideário de Alceu Amoroso Lima seja *presença*[28]. Para ele, como o expressou tão bem em *Meditação sobre o mundo interior*

---

26. Conta-se que, por ocasião das controvérsias acerca da Argélia, havia-se sugerido a De Gaulle de mandar prender a J.-P. Sartre. E De Gaulle teria dito: "Sartre, c'est aussi la France!" (Améry, J. Jean-Paul Sartre's Engagement. *Macht und Ohmacht der Intellektuellen*. Hamburgo, 1968, p. 76).

27. Cf. o admirável artigo em memória de Gustavo Corção que morrera em julho: Per Umbram Lux, *Jornal do Brasil*, 20/08/1978.

28. Cf. LIMA, A.A. *Memórias*... Op. cit., p. 329: "A importância da presença (dou uma grande importância à concepção teológica de Cristo como sendo a presença de Deus na história, assim como ao conceito filosófico de presença como sendo uma categoria metafísica proposta por Gabriel Marcel) e mesmo em sua primazia em face do futuro e do passado será possivelmente uma das chaves de uma vida sem segredos e sem importância como esta minha."

(1955), presença não é apenas o oposto à ausência; é coexistência, mais, é convivência, é "um aumento de intensidade do ser [...], é a plenitude do ser"[29]. Toda a sua vida foi uma convivência da fé com o mundo, do espírito com a terra dramática dos homens, do homem com Deus. E assim chegamos a uma outra dimensão do pensador Alceu, aquela contemplativa.

4 Abertura para a Igreja na base e para a Teologia da Libertação

Alceu Amoroso Lima sempre procurou discernir os sinais dos tempos. Sabia mudar quando se fazia necessário mudar. Nos últimos anos, antes de passar para o Pai, nas vésperas da festa da Assunção de Nossa Senhora de 1983, acompanhava com carinho a caminhada da Igreja nas bases mediante as comunidades eclesiais, os círculos bíblicos e a pastoral popular. Interessava-se pela Teologia da Libertação e chegou a participar de sua discussão num sentido amplo e positivo. Deu-se conta de que emergia uma síntese nova entre Igreja e povo e não mais entre Igreja e governo. Apreciava a teologia brasileira, feita a partir da caminhada da Igreja com os oprimidos, vendo nela até uma contribuição universal para a clássica teologia elaborada em estreita articulação com a cultura acadêmica dominante.

Coube-me o privilégio de manter o último longo diálogo com ele, no dia mesmo em que foi internado

---

29. Rio de Janeiro, p. 101.

no Hospital Santa Teresa em Petrópolis, a 21 de junho de 1983, para de lá sair direto para o aconchego de Deus. Procurava-me por duas razões fundamentais: queria uma informação direta e segura sobre as Comunidades Eclesiais de Base e sua inserção na realidade social. Queria detalhes sobre sua função libertadora a partir do elemento religioso e da leitura bíblica. Perguntava-me sobre a possível manipulação por parte de grupos políticos de direita e de esquerda. Com que felicidade ouvia minhas explicações. Não só se tranquilizava, mas enfatizava a importância da fé-fermento e fator de transformação social.

Em seguida buscou junto a mim uma lista dos livros mais importantes sobre a Teologia da Libertação. Acompanhava o debate pela imprensa. Queixava-se das distorções e avaliava o alcance evangelizador e social desse tipo de reflexão cristã. Queria participar da discussão e defender a legitimidade e necessidade de tal pensamento no contexto de opressão em que o povo vive. Preparei-lhe um pacote de livros. No dia seguinte, mandou seu chofer buscar os livros e havia no hospital começado sua leitura. Impossibilitado de continuar, devido ao agravamento da doença, pediu que a filha, monja beneditina, Madre Maria Teresa, guardasse todos os textos. Queria que ela em voz alta lhos lesse mais tarde, para que ele pudesse elaborar artigos a serem publicados na imprensa brasileira. Confessava-me abertamente que via a Teologia da Libertação como uma alternativa para o marxismo. Mais e mais jovens iam a ele e perguntavam pela Teologia da Libertação como forma de compromisso social junto aos oprimidos. A maioria desses jovens, sequiosos de inserção no processo histórico, lhe confidenciavam: ou se abraça o marxismo ou se faz participante da Teologia da Libertação. Advertia-nos a nós teólogos da missão histórica que nos cabia; de forma nenhuma deveríamos permitir que a ressonância mundial dessa teologia nos chegasse à cabeça na forma de orgulho, nem que a crítica gerasse em nós amargura na forma de entorpecimento dos membros, impossibilitando-nos de agir. Admirei nele quase já aos noventa anos a vivacidade da mente, a capacidade de aprender e a vontade de se comprometer e de lutar. A velhice não significa automaticamente um impedimento a crescer, a abrir-se aos desafios novos da história e a posicionar-se no debate atual.

a) A culminância do pensamento: a contemplação, a sabedoria e a alegria de viver

Desde sua reconversão e sempre com maior intensidade reponta a dimensão contemplativa na vida e na obra de Alceu Amoroso Lima. Ser contemplativo é poder ver e viver a vida, sua dramaticidade e sua luz, *sub specie aeternitatis*, a partir da Suprema Realidade que é Deus, que tudo penetra e em tudo resplende. Alceu possuía uma afinidade muito grande com o grande místico moderno Thomas Merton, de quem era amigo, tendo traduzido vários de seus livros para o português. Ambos viveram as mesmas buscas, ambos se encaminharam pela mes-

ma fé. Um entrou na abadia carregando consigo todas as ansiedades do mundo, o outro se quedou no mundo, mas pervadindo-o do espírito da abadia. Alceu possuía um verdadeiro "culto pelo silêncio"[30]. Silêncio, como a presença, não é feito da ausência da palavra. É a escuta na audiência atenta da Palavra que ressoa em todas as palavras e em todos os eventos, mas que só aos obedientes (*ob-audire* = os que ouvem com atenção) se deixa perceber. "Só o silêncio traduz o que há de mais profundo em nossa vida"[31], podia ele mesmo confessar.

O artigo que publicou em 1978 comemorando seus cinquenta anos de *metanoia*[32] é todo urdido de elementos contemplativos. Aqui se discerne o pensador que já chegou ao porto feliz e contempla os dias passados. Três lições são conservadas pela memória: "ter aprendido a vencer a solidão, a amar a liberdade e a compreender o valor do silêncio"[33]. A solidão é tão inevitável quanto a morte. Mas ela não é fatal. Pode ser lugar do verdadeiro encontro e o caminho da comunhão. Alceu cita em suas *Memórias improvisadas* uma frase de Thomas Merton: "A solidão tem seu próprio trabalho especial: um aprofundamento da conscientização de que o mundo precisa. Uma luta contra a alienação. A verdadeira solidão está profundamente consciente das necessidades do mundo.

---

30. LIMA, A.A. *Memórias...* Op. cit., p. 122.
31. Ibid., p. 124.
32. Trata-se do artigo intitulado "Metanoia". Op. cit.
33. Ibid.

Não mantém o mundo à distância"[34]. O amor à liberdade não foi ameaçado pela fé, mas potenciado, pois conferiu-lhe uma plenitude que se alcança pelo compromisso pelo outro: "Eis por que, hoje em dia, considero a luta contra a miséria, contra a opressão, contra a impostura, contra toda extrapolação do poder, como a plena realização da grande sentença joanina *Veritas liberabit vos* (8,32).

A verdade vos libertará, através da justiça"[35]. A compreensão do silêncio "me ensinou a inutilidade de qualquer proselitismo verbal. Ninguém converte alguém senão pelo exemplo. Só uma vida bem vivida pode ensinar a viver bem"[36]. É no silêncio que se dá propriamente a reversão às origens e a abertura ao fim derradeiro, fim de todos os fins. O pensador que pensa até o fim termina na contemplação. Já não fala. Vê. Vê simplesmente. Quem vê simplesmente, diz um antigo mestre do espírito, já se encontra no *Tao*. Este é a mente diária de cada um. Quando fatigados, dormimos, quando temos fome, comemos. Para ele nunca vamos. Dele nunca saímos. Estamos e movemo-nos dentro dele.

Sábio é aquele que com experiência aprendeu o sabor de todas as coisas. Sábio é aquele que possui a justa medida de cada impulso vital. Por isso o sábio é sempre um virtuoso, no qual a coexistência dos

---

[34]. LIMA, A.A. *Memórias...* Op. cit., p. 194.

[35]. LIMA, A.A. "Metanoia". Op. cit.

[36]. Ibid.

contrários não significa um equilíbrio morto, mas repleto de virtualidades e de criação. Essa sabedoria podemos colher de seu último livro *Tudo é mistério* (1983)[37]. Como os sábios antigos, também ele aborda as virtudes e os vícios. Mas é uma abordagem só possível na plena madurez da vida, quando já se filtraram as experiências e se decantou o sumo do que vale ser sorvido. O livro é uma joia de sabedoria, de acuidade e de equilíbrio ingênito. Já o divino Platão intuiu que a suprema sabedoria só pode residir na suprema bondade. Alceu, na mesma esteira, dizia: "A bondade, longe de ser um fruto da ignorância, é a própria semente da sabedoria, que deve ser o fruto supremo do saber [...]. A cultura só é um bem quando impregnada de bondade. A autoridade só é criadora da ordem quando unida à bondade. A religião só não se converte em fanatismo quando pratica o bem"[38]. Observamos que todo fanatismo religioso, eclesiológico ou político padece de uma profunda ausência: não mostra cordialidade nem produz o bem. Há os que querem uma campanha pela verdade; querem a luz que ofusca, incapaz de gerar calor que aconchega e faz crescer. Sábio era Paulo, sábio era Alceu, que queriam sempre a verdade na caridade (cf. Ef 4,15).

Não era um sábio sisudo, mas alegre. Uma constante atravessa toda a produção de Alceu após sua conversão: a alegria de viver. Não é a alegria dos

---

[37]. LIMA, A.A. *Tudo é mistério*. Petrópolis: Vozes, 1983.
[38]. Ibid., p. 181.

desfrutadores e sibaritas insensíveis às grandes maiorias que peregrinam dolorosamente no vale de lágrimas. Trata-se de uma alegria conquistada a partir da fé que revela as verdadeiras dimensões da vida. Ela é impulso para todas as direções, é coexistência e convivência. Mas também é finita e mortal. Aceita e vivida nessa mortalidade, sem amargura, como desafio à criação do melhor e do mais alto, ela se redime e se imortaliza. A vida conhece naufrágios e frustrações; deles, dizia Alceu, "temos o dever, e por vezes mesmo o prazer, de nos salvar; daí o núcleo central da mensagem de Cristo, a salvação"[39].

Essa alegria de viver não se sente ameaçada pela morte porque "viver é morrer [...] para viver melhor, para viver mais integralmente, para viver de modo imortal"[40]. Não há vida verdadeira sem a irmã Morte; é ela que nos abre a porta para a morada da Vida eterna.

b) A santidade do natural

Há uma santidade do pensamento que mestre Alceu cultivou sempre e se comunica por seus escritos. Mas vigorou principalmente a santidade da vida que irradiava de sua pessoa e que luzia em seu sorriso natural e franco. Lamentavelmente associamos santidade a milagres e prodígios. Eles existem na vida dos santos, mas apenas em alguns santos.

---

39. LIMA, A.A. *Memórias...* Op. cit., p. 333.
40. LIMA, A.A. *Tudo é mistério...*, cit., p. 82.

Na sua imensa maioria, os santos são santos do natural; a santidade faz com que recuperemos a naturalidade e a bondade originária de nossa natureza. Considerava com justeza a naturalidade como a rainha das virtudes.

> É a mais complexa e a mais humilde das virtudes. Deve e pode coexistir com todas elas. E não apenas existir ao lado delas, mas viver com elas. É um ambiente. É uma atmosfera em que se devem banhar todas as virtudes. Sendo a mais simples, a mais inata, a mais concreta de todas as virtudes, deve ser o próprio solo em que todas as outras plantam suas raízes[41].

Alceu Amoroso Lima foi um santo natural, cuja naturalidade era diuturnamente regada a partir das fontes que nos trazem a vida e a salvação.

A santidade de Alceu se mostrava na forma como enfrentava as críticas da ala mais conservadora e até reacionária da Igreja pós-conciliar. Gustavo Corção, companheiro de vinte e cinco anos, o fustigava duramente pelo *O Globo* (diário do Rio de Janeiro), qual cavaleiro andante de um mundo antigo e perdido dentro de nosso tempo. Alceu jamais retrucou a qualquer crítica; não por soberano desprezo do contraditor, mas pela crença de que a bondade convence mais que a iracúndia e de que a verdade brilha por si mesma sem a necessidade dos turibulários que lhe alimentem continuamente a chama.

---

41. Ibid., p. 143.

Ao morrer Corção, Alceu escreveu um comovente artigo sob o título *Per umbram lux*, em que dizia:

> Devemos e podemos fazer, de nossas querelas e de nossos desajustes, motivos tão fortes de nos unirem, como os de nossas concordâncias recíprocas. A noite de quinze anos, que desceu sobre os dois amigos íntimos de vinte e cinco, não diminuiu em nada, ou antes só aumentou, a admiração, o respeito, a gratidão e a extraordinária dívida que tenho, perante Deus, para com este homem difícil, mas de qualidades excepcionais, de cujas posições me afastei, radicalmente, mas a cujo lado servi por tantos e tantos anos e cuja ausência é hoje, para mim, um vazio insubstituível, que levarei comigo até que a morte nos reúna, de uma vez para sempre, "no Coração de Jesus"[42].

Para o santo tudo pode ser caminho de ascensão; as mazelas humanas não podem contaminar o ouro das qualidades e das virtudes que uma pessoa arduamente conquistou.

Cada geração possui seus grandes espíritos. Fazem-se grandes pela fidelidade que conservam na audiência do Espírito no tempo. Dele são testemunhos, quais flechas a apontar para o alto. Muitos que andam no vale erguem o olhar e, por causa deles, buscam também o pico das montanhas, onde o Alto é ainda mais alto. Alceu Amoroso Lima continuará sendo, para a geração dos mais jovens, uma

---

[42]. LIMA, A.A. *Per Umbram...* Op. cit.

seta a apontar para aquelas causas que dignificam o ser humano e para as quais vale viver, sacrificar-se e morrer.

13
Fazer política na perspectiva de libertação[1]

A Igreja popular ajudou não apenas aos bispos, padres, religiosos e leigos a redefinirem seus papéis dentro da comunidade; ela suscitou ideais, intuições e práticas que se tornaram relevantes também para os políticos. Não são poucos os políticos que surgiram da caminhada da Igreja com os pobres e que se educaram em contato profundo com as Comunidades Eclesiais de Base ou com os vários serviços eclesiais em defesa dos direitos humanos, dos trabalhadores, dos posseiros e dos indígenas. É amplamente aceito que a Igreja da libertação constituiu uma das forças que fizeram surgir o Partido dos Trabalhadores (PT), junto com a tradição de esquerda e do novo sindicalismo. Mesmo no ministério do Presidente Lula se encontram vários políticos que se entendem ligados à Teologia da Libertação e à Igreja da base. De seu seio vieram lideranças de rele-

---

1. Este capítulo foi elaborado em parceria com meu irmão Frei Clodovis Boff que aprofundou essas perspectivas nos seguintes textos: *Agente de pastoral e povo*. Petrópolis, 1980, e principalmente em *Como trabalhar com o povo*. Petrópolis, 1985.

vância nacional, seja nos movimentos sociais (como o Movimento dos Sem-Terra, Dos Sem-Teto, da mulher marginalizada), seja nas inúmeras pastorais sociais (do negro, do índio, da criança e outros).

A pastoral social da Igreja, orientada pela opção preferencial e solidária pelos pobres, exigiu a elaboração de uma pedagogia de transformação e postulou um novo tipo de agente político. No Brasil, a Igreja é certamente a instituição que mais experiência acumulou com referência ao trabalho junto ao povo e com o povo. Ela exerce uma eminente função e missão política na medida em que ajuda a construir o bem comum com base nos deserdados e a fundamentar uma sociedade mais igualitária e democrática.

1 Uma filosofia nova para uma política nova

Como será o político numa perspectiva de libertação? Evidentemente será alguém que trabalhará com o povo, para que este se faça sujeito de sua história e construtor de sua liberdade.

Para um trabalho político com o povo, na perspectiva da pastoral libertadora, desenvolvida pela Igreja popular e refletida pela teologia da libertação, há mister de uma filosofia, de uma metodologia (pedagogia) e de técnicas adequadas.

Por *filosofia* entendemos aqui um conjunto de convicções, de valores, de ideias carregadas de força que inspiram continuamente o trabalho com o povo, em vista de uma sociedade participativa e democrática. Essa filosofia subjaz à metodologia e às técnicas. É uma espécie de mística ou de ética que deve penetrar a mente, o coração e a prática do político. Se ele se imbuir de tal mística ou ética, poderá até sair vitorioso quando aparentemente perde; quando encontra obstáculos, não se acabrunha nem desanima, pois possui interiormente uma reserva de energia que lhe permite olhar para a frente e continuar a lutar. A repararmos bem, é uma filosofia política que produz os políticos de vocação, aqueles que se orientam pela virtude e pela arte da política mais do que pela técnica e pelas artimanhas do jogo político.

Por *metodologia* entendemos os passos pedagógicos que se devem dar para conferir eficácia à filosofia; são as práticas concretas, as atitudes que o agente político deve desenvolver em consonância com a filosofia política e em consonância com o povo. A questão é: Como se trabalha junto com o povo? Como se encaminha uma política de cunho democrático e popular? Que reflexões e que ações são necessárias para gerar uma administração política com interesses de libertação do povo e de autonomia da caminhada popular na direção de uma sociedade mais igualitária?

Por *técnicas* entendemos o conjunto de recursos e meios de que dispomos ou de que o povo dispõe para pôr em prática uma filosofia dentro de uma metodologia adequada. As técnicas devem ser libertadoras, populares e democráticas. Caso contrário, produzem um efeito negativo face ao objetivo intencionado, vale dizer, a participação do povo e a inserção da administração na caminhada popular.

Detalhemos cada uma dessas partes. Antes, entretanto, consideremos dois pressupostos a essa vontade política: a gestação do povo e a educação do político.

2 Gestação do povo e educação do político

Distinguimos entre massa e povo. O que existiu no Brasil durante séculos foi uma imensa massa de gente, de escravos, trabalhadores rurais e proletários excluídos da participação social. Não deviam ter projeto próprio, nem consciência de classe oprimida nem organizações que elaborassem e defendessem os próprios interesses. Por isso era manipulável e simplesmente recebia ditados da classe dirigente. Com o populismo, recebeu parcela de participação à condição de assegurar e jamais ameaçar a hegemonia da classe dominante (em termos econômicos, políticos e culturais).

a) Gestação do povo

Quando do seio da massa a vontade de participação (inerente à natureza social do ser humano) começa a ganhar formas, então começa a se gestar um povo. Um povo se faz, não existe por si só. Ele resulta da prática de participação consciente e organizada. Por isso, para que haja um povo, há mister de: 1) uma *consciência coletiva* que se dá conta de seus problemas, conflitos e opressões; 2) uma *organização* em torno a interesses e a lutas concretas; 3) um *projeto histórico* que move a consciência e a organização; 4) mobilização e conquista de mais poder para estabelecer relações diferentes na sociedade (no processo produtivo, nas relações de poder e na criação e distribuição dos bens culturais).

Em função disso, é importantíssimo o surgimento das organizações populares: os sindicatos, as associações de bairro, os clubes de mulheres e mães, os grupos de ação/reflexão, as Comunidades Eclesiais de Base ou qualquer outro grupo. É por aí que o povo se descobre a si mesmo, se olha no espelho, se dá conta de sua força e refaz continuamente o tecido de sua vida. As organizações populares são:

• *lugar de participação*: aí são colocados os problemas, elabora-se a consciência crítica para ver as causas deles, buscam-se as soluções mediante o consenso. Nas associações populares, descobre-se a alteridade, o pluralismo, o povo como organismo vivo que reage, assimila, rejeita, cresce, relaciona-se e exerce poder. A participação se dá na palavra, na decisão, na ação coletiva.

• *meio educativo*: a escola coletiva do povo. Aí se fala, escuta, argumenta, se controla, se autoeduca, se exerce a crítica coletiva.

• *matriz de consciência crítica*: aí se dá a emergência do *nós* social e da consciência do cidadão que tem direitos e deveres. Falar é um ato de coragem e de libertação. Pelo falar, problematiza-se a vida social, busca-se a mecânica de funcionamento da sociedade, elaboram-se alternativas ao que é oferecido ("pronunciar o mundo", na expressão de Paulo Freire).

• *canal de mobilização*: nos organismos populares cresce a consciência da necessidade de lutar para mudar a sociedade, a partir deles mesmos; a solidariedade é a arma fundamental; é aqui que se elabora a consciência de classe, ganha-se confiança na própria força, pressuposto indispensável para qualquer luta; o importante não é nem a conscientização nem a consciência de classe, mas a mobilização popular em vista da transformação, seja do bairro, seja das condições de trabalho, de vida e até a postulação de mudança da sociedade.

b) Educação do político

Somos herdeiros de uma política autoritária; quando predominava a massa, a única forma de dirigi-la e dominá-la era pela coerção e pelo autoritarismo; era a política do cassetete; depois veio o populismo, em que a política é manipulação e demagogia; é a política do tapinha nas costas; quando se quer uma política de democracia fundamental e básica com participação popular, então deve haver abertura ao diálogo, à escuta dos anseios do povo, ao aprendizado da cultura popular e à inserção nas lutas do povo; é a política das mãos dadas e do poder como serviço à coletividade. Há alguns obstáculos que devem ser superados:

• *relação bancária*: imagina-se que o agente político sabe e o povo não sabe; a função do agente é encher o povo de dados (como se faz nos bancos) e assim apetrechá-lo. Essa relação é um caminho de uma mão só e faz com que o agente nada aprenda e confirme sua prepotência e sua relação de dominação.

• *atitude iluminista*: admite-se que o povo sabe, mas seu saber não é legítimo, porque não passou pela escola; é a escola que confere legitimidade ao saber; tolera-se a gama de experiências do povo, mas não se lhe dá maior valor. É a atitude do intelectual iluminista, portador do monopólio do saber certo e reconhecido. Coloca-o em cima do povo e numa relação de mestre-escola diante de imaturos.

• *subordinação do povo*: reconhece a força do povo, sua experiência e seu saber, mas o aceita de forma subordinada e como aliado ao seu projeto. Não vê que o projeto deve ser comum, nascido da coletividade e de dentro de uma mesma vontade política. Essa atitude cria os vanguardismos que acabam por deixar o povo sozinho quando se dão os enfrentamentos políticos e sociais.

• *mistificação da situação de classe*: existe uma separação real entre povo e agente político. A maioria dos políticos são de classe burguesa ou passaram pela escola e pelo processo de profissionalização burguesa. Essa situação deve ser reconhecida lealmente, sem remorsos e amarguras que não ajudam a ninguém. Em toda relação de classe há um elemento objetivo de dominação de classe que não depende da vontade do indivíduo; é bom reconhecer esse dado para limitarmos o mais possível sua força. Por isso deve-se superar a mistificação ingênua que aparece em fórmulas como:

> "eu também sou povo"; "eu sou da base"; "o povão é a minha base". Depois de aceitar-se diferente, é possível a pessoa fazer uma opção por uma classe distinta, popular. Então sua posição de classe muda; associa-se e faz-se aliado do povo e pode então entrar na caminhada do povo e ser útil à libertação. Sem essa mudança, não é possível uma política democrática distinta e libertadora.

3 Características de uma filosofia do trabalho popular

Como já asseveramos no início, essa filosofia (ideia-força, inspiração poderosa) é fundamental para um trabalho popular que eduque o agente e respeite o povo, conferindo alento largo à política democrática. Consideremos algumas características dessa mística da ação, dessa ética do político:

a) A identificação com o povo

Diz um dos nossos melhores historiadores, José Honório Rodrigues:

> A liderança (no Brasil) nunca se reconciliou com o povo. Nunca viu nele uma criatura de Deus, nunca o reconheceu, pois gostaria que ele fosse o que não é. Nunca viu suas virtudes, nem admirou seus serviços ao país, cha-

mou-o de tudo – Jeca-tatu – negou seus direitos, arrasou sua vida e logo que o viu crescer e ele lhe negou pouco a pouco sua aprovação, conspirou para colocá-lo de novo na periferia, no lugar que continua achando que lhe pertence[2].

Por outro lado, as maiores construções históricas, das quais nos podemos orgulhar, são fruto do labor popular: a unidade linguística e política, a expansão e integridade territoriais, a homogeneidade cultural, a tolerância racial e religiosa. Violentas foram as classes dominantes que sempre reprimiram a mobilização popular a ponto de Capistrano de Abreu escrever que, no fim do período colonial, o "povo foi capado e recapado, sangrado e ressangrado"[3].

Identificar-se com o povo é assumir uma postura distinta daquela que predomina em nossa cultura dominante. É um ato *cultural* e *político*.

É um ato *cultural*: valorizar, assumir e entrar na cultura do povo; não como fazem muitos artistas da "cultura popular", que vão ao povo para tirar dele os temas de suas músicas sem dar-lhe nada em retorno; também não como quem vai estudar o povo para seus fins próprios sem devolver-lhe nenhum benefício. Mas assumir os valores do povo, sua forma de viver, de amar, de tratar as crianças, de ser solidário, de fazer suas festas e celebrar a religião. Quem

---

[2]. RODRIGUES, J.H. *Conciliação e reforma no Brasil*. Rio de Janeiro: Civilização Brasileira, 1965, p. 14.

[3]. Ibid., p. 30.

ama o povo brasileiro não pode ser um cínico ou cético nem um indiferente face à religiosidade popular católica, protestante e afro-brasileira. O amor leva a respeitar e apreciar tudo isso, porque são os lugares onde o povo colhe sua resistência, mostra-se criativo e elabora o sentido de sua vida.

É um ato *político*: identificar-se com o povo implica assumir a causa e as lutas do povo. A causa do povo é a vida, os meios da vida, a justiça sempre negada, a escola sempre insuficiente; o povo quer mudar, quer outra sociedade mais humana, na qual ele possa ter os filhos que ama e trabalhar com honestidade junto com outros. Identificar-se com o povo é assumir também suas lutas, geralmente difamadas pela grande imprensa como badernagem, desordem, ameaça à segurança nacional (leia-se do capital).

É interessante observar que todas as grandes revoluções de cunho popular implicavam uma mudança nos intelectuais e nos dirigentes. Sua identificação com o povo levava-os a superar a clássica divisão social do trabalho: deixavam os gabinetes e iam para o corte de cana (Cuba), ou deixavam as cátedras e iam para o campo, enquanto os do campo vinham para cursos nas escolas e universidades. O próprio poder modificava seu estilo: não aparece como aparato, parafernália de policiais, secretários, agentes de segurança e um mundo de subordinados. O prestígio do poder não vem pelas aparências do poder (símbolos e distanciamento do povo com a inevitável iconização e mitificação do portador do poder), mas pelos serviços prestados ao povo, juntando-se ao povo, participando de suas assembleias, entrando na vida do povo concreto. Esse poder se transforma em autoridade moral, que é respeitada não pela imposição e coerção, mas pela aceitação livre; as pessoas veem que estão aí representadas, que suas lutas não são traídas nem colocadas sob suspeição, mas reforçadas e legitimadas. Esse poder não esmaga os cidadãos, mas os faz crescer; não tolhe suas práticas, mas abre ainda mais o espaço de sua implementação.

Essa identificação com o povo faz com que o político descubra sua colaboração no processo de expressão do povo:

- capta os problemas fundamentais do povo;
- sabe formulá-los de forma clara de dentro do caótico das tensões, tendências e divisões;
- devolve em linguagem simples e compreensível para o povo o que representa seus anseios e buscas;
- favorece a união do povo a partir do povo e não apenas a partir dos líderes, fazendo que a mobilização atinja os vários grupos.

Essa identificação com o povo pode até manifestar-se na forma como as pessoas se vestem, como falam, como moram e como se expressam pelo imaginário.

b) Amor e confiança no povo

Éramos uma sociedade escravocrata. As sequelas ficaram impregnadas na mentalidade da classe dominante; ela controla as ideias dominantes na escola, nos meios de comunicação e nos valores familiares. A sequela mais inumana reside no desprezo inconsciente que na sociedade se tem pelos pobres e pelas pessoas marginalizadas. Vigora grande insensibilidade pelo drama social da maioria dos brasileiros. Face a essa antitradição, precisamos desenvolver conscientemente uma dimensão de simpatia e de amor ao povo. Amor que não tem nada de adulçorado e pequeno-burguês. É a capacidade de transformar as relações senhor-escravo em relações humanitárias e igualitárias. Trata-se de acercar-se ao povo com gentileza, como nos aproximamos de pessoas a quem se quer bem. Precisamos superar a desmoralização que o amor recebeu (em parte pela pregação das Igrejas) como certa ritualística do sorriso, de palavras amáveis, mas ocas, de gestos meramente paternalísticos. Precisamos valorizar a relação interpessoal, a gente do povo quer ser aceita sem piedade e com toda a densidade humana, sem discriminação e compaixão. O dolorismo e o pietismo desarmam o povo e não permitem que sua força se manifeste e que as pessoas sejam reconhecidas como iguais.

Sem o reconhecimento da força do povo, não existe relação política que liberta e reforça a luta do povo. Colocar-se no nível do povo ou elevar o povo ao nosso nível faz com que as pessoas libertem a palavra e o espírito crítico. Então as pessoas realmente dizem o que pensam: caso contrário, somente dizem o que o agente político gostaria de ouvir.

Junto com o amor afetivo e efetivo (comprometido) deve caminhar a confiança no povo. Diz com acerto Paulo Freire: "Ao fundar-se no amor, na humildade, na fé nos homens, o diálogo se faz uma relação horizontal, em que a confiança de um polo no outro é consequência óbvia [...]. A confiança vai fazendo os sujeitos dialógicos cada vez mais companheiros na pronúncia do mundo"[4]. Prossegue ainda o mestre Paulo Freire:

> Os homens que não têm humildade ou a perdem, não podem aproximar-se do povo. Não podem ser seus companheiros de pronúncia do mundo. Se alguém não é capaz de sentir-se e saber-se tão homem quanto os outros, é que lhe falta ainda muito que caminhar, para chegar ao lugar de encontro com eles. Nesse lugar de encontro não há ignorantes absolutos, nem sábios absolutos: há homens que, em comunhão, buscam saber mais[5].

Essa relação de humildade cria espaço para que o povo extrojete o opressor que o mantém oprimido e cativo por dentro. Ele pronuncia sua palavra sobre o mundo e liberta-se. Nós podemos ajudar, com uma relação fraterna e livre, para que a criatividade do povo fique desobstaculizada. Ele não é pobre, mas um empobrecido; quer dizer, impediu-se a ele de se desenvolver, de desabrochar suas potencialidades. Sua pobreza não é fatal nem natural, nem inocente; ela foi produzida nele pela opressão que reprimiu suas potencialidades. Quando elas ganham

---

[4]. FREIRE, P. *Pedagogia do oprimido*. Rio de Janeiro: Paz e Terra, 1975, p. 96.

[5]. Ibid., p. 95.

curso livre, revelam a imensa criatividade do povo e sua responsabilidade. Importa que tenhamos confiança na capacidade do povo de criar, de pensar os problemas, de lutar para equacionar as dificuldades; o medo revela nossa insegurança e nossa incapacidade de confiar e de ultrapassar os limites de nossa classe com os interesses que se escondem por detrás dela.

c) Apreciar a cultura popular

Apreciar aqui significa observar com simpatia, degustando o que se observa. Trata-se não da observação interesseira do analista, mas do companheiro de caminhada. Trata-se aqui de valorizar a vida do povo, geralmente feita de lutas e dramas para sobreviver com certa decência. Sua vida, em razão da luta, possui dignidade e merece profundo respeito. Por isso importa escutar o povo.

Na escuta é preciso entender a lógica do discurso popular. Ela não procede pelas regras do conceito, mas pelas regras do símbolo. O povo pensa uma coisa e diz outra; precisamos sempre perguntar o que está por detrás; o que o povo quer dizer com suas histórias e com suas reivindicações.

> O povo é ignorante e passivo somente para os intelectuais ignorantes do que ele é, faz e pode; na verdade o povo está sempre e desde sempre de pé, em luta, procurando mil maneiras de resistir à marginalização e à destruição e de fazer concretamente frente aos

opressores; não é, pois, o agente que desperta o povo e o coloca de pé[6].

O povo está caminhando e lutando já há séculos; nós apenas nos incorporamos em suas lutas.

Para apreciarmos o que é do povo, seus gestos, seus cânticos, seus costumes, suas festas, suas lendas, precisamos também darmo-nos conta do elemento *impopular* que existe dentro do povo. O sistema de dominação consegue infiltrar-se dentro da alma do povo, introduzir elementos que o povo assimila e que, na verdade, são contra o povo; assim os preconceitos que o povo às vezes alimenta contra os negros, contra os mestiços, contra os cafuzos, contra certos trabalhos, provêm da ideologia dominante que cinde a alma popular. Nosso amor ao povo deve ser um amor crítico, e nosso apreço a ele deve discernir a presença do opressor nas expressões populares; ajudar a identificar tais elementos e a expurgá-los.

d) O serviço ao povo junto do povo

Aqui devemos estar atentos às sutis camuflagens de nosso inconsciente social coletivo: muitas vezes nos servimos do povo para nossos interesses ao invés de servirmos o povo. Por isso a questão não é exercer o poder para o povo, mas *junto com* o povo, colocando-nos ao lado e no meio do povo. O nosso

---

6. BOFF, C. "Agente de pastoral e povo". *Revista Eclesiástica Brasileira*, jun. 1980, p. 250.

interesse tem que se subordinar ao interesse do povo. Esse interesse do povo deve surgir e eclodir do debate popular, da confrontação de todos, da discussão com o maior número, para que o povo não seja vítima do opressor que está dentro dele. O que faz a cabeça do povo não é tanto a realidade desumana que vive, mas a inundação de mensagens que os meios de comunicação da classe dominante enviam 24 horas por dia sobre o povo. A realidade dominante (manipulada pelas classes dominantes) acaba fazendo as ideias dominantes do povo. A discussão, o exercício da crítica coletiva permite ao povo libertar-se e descobrir o engodo a que está sempre submetido. Pertence ao serviço que o agente político presta ao povo ajudá-lo a descodificar a realidade dentro da qual vive e sofre.

Importa manter sempre presente também que o povo é o grande sujeito coletivo da história. Nosso projeto se subordina a esse projeto global; aqui reside o caráter de desinteresse que deve acompanhar o verdadeiro serviço ao povo; importa entender o exercício do poder como mediação, para que o povo seja mais e mais artífice de seu destino e da sociedade que quer construir.

Como uma estrela não brilha sem uma aura, também uma política não vive sem uma filosofia ou uma mística. Ela é como uma fonte de águas vivas que se canalizam nas distintas práticas e sempre de novo refaz as forças para encetar a caminhada.

4. Notas metodológicas para o trabalho junto do povo

Paulo Freire escreveu uma *Pedagogia do oprimido*[7]. Não se trata de definir diretrizes para os oprimidos; não é um método de ensino, mas de aprendizagem coletiva; o povo aprende e ensina: o agente educacional ensina e aprende. Algo semelhante ocorre com o agente político em contato com o povo. Usa-se um método para que os interesses do povo sejam mais bem articulados e venham à tona.

a) Partir da realidade

Esta expressão, *partir da realidade*, possui vários significados. Vejamos alguns: 1) significa partir da realidade assim como é percebida e é dada brutalmente; quer dizer, não partir de teorias e projetos previamente formulados; evidentemente já temos ideias na cabeça, pois jamais somos tábula rasa. Mas cabe fazer um esforço consciente de checar tais pressupostos mediante o confronto com a realidade. Ela possui a primazia indiscutível. 2) Um outro significado é mais denso. *Partir da realidade* quer expressar: partir das *práticas* do povo. Isso implica partir do nível de consciência que o povo tem e de seu afrontamento com a realidade sofrida. Toda prática é união entre consciência e realidade (teoria e práxis). Isso se exprime pelas perguntas: Como está a realidade do

---

[7]. FREIRE, P. Op. cit.

povo (no nível econômico, político, cultural, religioso, etc.) e como o povo está reagindo face a ela? Já é prática assimilada pelo povo organizado em suas reflexões: Quais são os problemas do bairro e o que se está fazendo para enfrentá-los?

Portanto, *partir da realidade* não significa chamar um especialista que faça em lugar do povo uma análise sociopolítica da realidade; nem significa perguntar pelo nível de consciência que o povo tem de sua realidade. Trata-se de definir a *prática concreta*, as lutas, a marcha do povo; tal caminhada encerra consciência e a ação correspondente a essa consciência.

Pode ocorrer que o povo comece com questões consideradas marginais. Deve-se entrar pela porta aberta pelo povo. A importância do agente, nesse caso, não é frear as decisões do povo, mas introduzir elementos críticos, fazer discutir as questões. Pode muito bem acontecer que, a partir de questões marginais, o povo acabe descobrindo as questões essenciais. Essa caminhada é pedagógica e faz o povo ganhar confiança. O erro não deve ser visto como algo patológico; no processo educativo, o erro é chance de aprendizagem. As experiências se fazem mais sobre os desacertos do que sobre os acertos.

b) Sentir o pulsar do povo e respeitá-lo

O crescimento educacional tem um ritmo orgânico. Não é como levantar um muro com a colocação de um tijolo sobre o outro. É semelhante ao crescimento de uma planta: é sempre uma totalidade que cresce e configura uma unidade de sentido. Forçar o crescimento quando não há condições é como matar uma planta por excesso de água. Cabe sempre perguntar: Que passo é possível para este momento? Não se deve pedir aquilo que o povo não pode dar; mas deve-se pedir tudo o que ele pode dar. Aqui se deve estar atento para as oportunidades. Podem-se perder oportunidades ótimas de crescimento e de avanço.

Normalmente, em situações de crise, apresentam-se oportunidades para um salto qualitativo. O sofrimento faz pensar. Se a linha geral de um governo facilita ao povo pensar, então deve-se transformar esse pensamento (consciência) numa luta, num avanço em termos de organização e de pressão.

Entretanto, faz-se mister prestar atenção de não acelerar lá onde a unidade da frente popular pode romper-se. É melhor avançar mais devagar e unidos do que animar as vanguardas que perdem facilmente ligação com a totalidade do povo. O importante não são as vanguardas, mas as minorias proféticas que possuem suas raízes no povo e conseguem expressar os anseios do povo sem desligar-se do povo. Precisa-se tomar cuidado de não trabalhar exclusivamente nem demasiadamente com essas minorias proféticas. O decisivo é manter a relação delas com o povo. Pois tudo depende dessa relação. A prática deve sempre corresponder a um nível de conscientização. Havendo aqui um descompasso, pode-se romper o processo e predominar a desconfiança ou a manipulação de elites sobre os grupos.

c) Coragem para os primeiros passos

A vontade de participação do povo, a organização e todo o trabalho de base deve visar à prática de transformação. Por isso se deriva a importância dos primeiros passos e da caminhada a partir dos problemas concretos que martirizam a vida do povo. Importa compreender que os pequenos problemas são manifestação dos grandes problemas da estrutura da sociedade. A falta de escola, de trabalho, de saúde está em relação com a organização da sociedade global. Não devemos deter-nos apenas na verificação do sistema; há o risco de cairmos num sentimento de impotência. Devemos enfrentar os problemas concretos. É com base neles que o sistema é compreendido e também enfrentado com alternativas. A função do agente não reside em esvaziar as lutas concretas do povo a partir de uma consideração do global; antes, sua funcionalidade orgânica o leva a chamar a atenção para a implicação que o passo concreto tem com o todo. Por isso não há, no processo de luta, uma oposição entre reforma e libertação. As reformas devem apontar para uma sociedade alternativa; elas podem conter a libertação em curso. A libertação acontece sempre que as relações interpessoais e sociais se reorganizam dentro de outro princípio: não de exploração, mas de colaboração. O decisivo não é tanto afastar os agentes da opressão, mas superar concretamente as relações de opressão; estas se manifestam na família, no trato entre as pessoas no trabalho, nas reuniões. Há uma política do dia a dia, quer dizer, um estilo de relacionamento que se estabelece entre as pessoas e as coisas que nos cercam: a forma como se organiza fisicamente uma reunião, como se distribuem as tarefas, como se prepara uma festa ou como se faz uma discussão de grupo. Podem imperar relações de dominação e não de colaboração. Não só os conteúdos devem ser libertadores, mas também os métodos e as formas de encaminhamento.

Sem a valorização das pequenas lutas e dos passos humildes do povo não se chega nunca ao grande processo. É aprendendo a caminhar que se pode postular uma corrida.

d) Importância da preparação e da avaliação

O trabalho com o povo é um compromisso muito sério, pois trata-se de vidas humanas sofridas. A *preparação* é expressão dessa seriedade e superação da improvisação irresponsável. A preparação deve envolver as pessoas do povo e torná-las corresponsáveis. Já diziam os antigos: o que afeta a maioria deve poder ser preparado e decidido pela maioria.

Tão importante quanto a preparação é a avaliação após a realização. Trata-se de superar a segmentação dos fatos e inseri-los dentro de uma caminhada. A avaliação deve insistir no aspecto de avanço, aprofundamento ou retrocesso face à caminhada em curso. A revisão é decisiva no sentido de identificar os impasses e obstáculos e resgatar retroativamente os erros cometidos. As falhas não devem somente ser assumidas, mas estudadas em suas causas e em suas lições. Podemos aprender dos erros e acumular experiências, pois não existe caminhada sem obstáculos nem longas viagens sem acidentes. Se não aprendemos dos erros, estamos condenados a repeti-los sempre de novo.

Esse aspecto é importante para o agente político de extração burguesa. Ele, por situação de classe e por formação, não convive bem com insucesso. O que ocorre com o povo é a convivência com a opressão e com os obstáculos. Quando dizemos dominação de classe, queremos expressar a sobreposição constante da classe detentora do capital e de seus aliados sobre o povo e suas aspirações; o povo vive derrotado, mas a sua força está na resistência e na vontade de continuamente querer viver e lutar; o dominador não goza de sua dominação, mas sente-se permanentemente ameaçado pela capacidade de resistência e perseverança do povo. O agente político deve superar o choque inicial da verificação da opressão. Depois perceberá a força do povo, o vigor de sua vida, o sentido concreto de sua linguagem, o sentido de suas festas. O agente deve mostrar profunda solidariedade com os fracassos do povo e com seus equívocos. Ajudá-lo a aprender, na medida em que desvenda as causas dos erros, e a tirar lições. Não raro o povo impõe duras lições aos agentes, trazendo-os para o chão concreto da vida.

e) Objetivo: alcançar a autonomia do movimento popular

O agente político em seu relacionamento com o povo possui, inicialmente, o privilégio da convocação. Vem com sua capacidade e com seu interesse pelo povo. Essa relação é desigual, mas justifica-se como intervenção pedagógica. O decisivo, entretanto, reside no tipo de relacionamento que se estabelece a partir desse começo. Se é uma relação de tutela e de paternalismo, perpetua-se a dominação, embora sob forma mais benigna, pois é populista. O povo entra no esquema do agente.

O sentido da relação é conseguir autonomia do povo e de seus movimentos. A luta do povo é desorganizada e suas vitórias são parciais; por isso é dominado. A presença do agente é para reforçar as vitórias e superar, num processo, o regime de dominação. Por isso deve ter sempre presente qual é sua função: permitir que o povo ande com as próprias pernas, que possa controlar suas condições de vida, de forma direta, coletiva e não mediante intérpretes e intermediários.

As perguntas que o agente deve sempre se fazer são estas: Quem está tomando a iniciativa: a base ou os agentes? Tem o grupo condições de modificar a dinâmica e reorientar a caminhada? O autogoverno do povo coloca a questão dos *líderes populares*. Há líderes pelegos que fazem o jogo da dominação, por isso sua aliança é com os poderosos, ganhando vantagens pessoais ou grupais à condição de sacrificar a autonomia do povo. As lideranças devem ser populares com práticas populares; não podem ser substituídas por outros de outra classe. As práticas devem ser populares, quer dizer, estejam submetidas ao controle do povo, sejam feitas *com* o povo e não somente *para* o povo. O decisivo não é a liderança, mas a comunidade participativa e crítica que se expressa pelas lideranças. Estas podem e devem aprofundar seus conhecimentos, não fora da comunidade, mas dentro da luta e sempre em função do reforço da base popular.

A presença do agente no meio do povo deve ser de *reciprocidade*: cada um dá de sua riqueza: o agente, de sua competência, e o povo, de sua experiência de luta. O trabalho deve ser sempre conjunto, constituindo uma caminhada que não se desestrutura quando o agente se afasta ou não mais está presente. O grau de libertação do povo se mede pelo grau de independência e de autonomia que alcançar em suas lutas.

f) Permanente referência aos ideais da democracia

O esforço de participação do povo e de inserção do agente de poder em sua caminhada deve permanentemente traduzir os ideais democráticos. A democracia, mais que uma forma de governo concreto, é um espírito que deve perpassar todas as formas de poder, pois a democracia visa criar igualdade e participação de todos ou, pelo menos, do maior número possível. A democracia é um desafio que deve ser respondido dia a dia.

Os ideais democráticos possuem a mais alta tradição; encontram-se nos clássicos do pensamento político da Antiguidade (Platão e Aristóteles) e sempre estiveram presentes em todos os pensadores modernos. O espírito democrático nasceu da luta dos marginalizados buscando sua humanização; não se visa reproduzir os mecanismos da discriminação, mas da libertação pela igualdade e pela participação. Maquiavel, o teórico do autoritarismo, confessa que o tirano deve despir-se de sua humanidade e esquecer o seu cristianismo se quiser exercer a *virtù*, vale dizer, sua dominação. Isso significa que o tirano só consegue sê-lo desumanizando-se e esquecendo seu coração. É um opressor dos outros e um repressor de si mesmo.

Quanto maiores forem as dificuldades pessoais e objetivas que encontramos, mais devem solicitar nossa crença na democracia. Ela é uma crença, uma opção de vida, uma convicção de que o chamado da nossa natureza não vai na direção da dominação de uns sobre outros, mas na da colaboração; o homem amigo do homem e não o homem lobo do outro homem: eis a fórmula simples do ideal democrático. Em cada momento, precisamos converter-nos a essa utopia; ela nunca se realizará plenamente; mas, se não quisermos o impossível, jamais realizaremos o possível. A árvore suporta os furacões, se ela tiver raízes profundas. Assim suportaremos as reminiscências do autoritarismo e da dominação da classe burguesa, caso o espírito democrático em nós tiver lançado raízes profundas. E a profundidade das raízes se mede pelo amor, confiança e apreço que tivermos pelo povo. Todas as demais formas de governo que não se assentam no povo implicam certo grau de desprezo do povo. Esse desprezo desumaniza e abre a porta para o exercício do poder como coerção e dominação.

5 Algumas técnicas para o trabalho popular

As técnicas devem respeitar e traduzir também o espírito democrático da participação para gerar a igualdade. Não se trata aqui de elaborar mais claramente as experiências já conhecidas. Apenas sejam nomeados alguns instrumentos e apontados alguns processos:

a) Instrumentos

• *Cartazes* feitos pelos próprios membros do povo participante: apoiar e valorizar a arte popular, bem como as formulações, geralmente originais, que o povo encontra para expressar seus problemas ou fazer suas críticas.

• *Cartilhas* sobre os mais diversos temas: saúde, direitos do cidadão, participação política, problemas dos sindicatos, das terras, do racismo, etc. Importante é que essas cartilhas, geralmente feitas pelo intelectual orgânico, sejam elaboradas junto com representantes do povo, seja para captar a sensibilidade popular e empregar a linguagem adequada, seja para garantir a fidelidade da perspectiva popular.

• *Roteiros*: aqui se trata do *como fazer*, como começar, que pontos acentuar, como desmembrar uma problemática. Tais roteiros são importantes para os líderes do povo e para as próprias organizações populares. O povo sabe das coisas, mas o sabe de forma assistemática; a ajuda aqui reside na organicidade, na estruturação.

• *Cantos*: o povo expressa o melhor de si no canto e na poesia popular; aqui é criativo. Propiciar tais manifestações: resumir toda uma problemática em forma de uma canção ou de uma poesia popular (no estilo do Sul, do Norte, etc.).

• *Boletins do bairro*: há toda uma imprensa popular ou dos movimentos feita à base de boletins, cujos redatores e informadores são agentes do povo trabalhando com intelectuais orgânicos que oferecem seu saber técnico (diagramação, montagem do jornal, elaboração das notícias, etc.) ao povo.

• *Cursos de treinamento e seminários, feiras e plebiscitos informais.*

b) Processos

• *Reflexões coletivas*: em grupinhos e, depois, no grupão sobre problemas do povo como loteamentos clandestinos, favelas, violência policial, etc.

- *Abaixo-assinados*: como forma de pressão às autoridades e maneira de conscientização de toda a população.
- *Caminhadas*: são cada vez mais frequentes envolvendo cartazes, músicas, dramatizações.
- *Campanhas*: como pela eleição direta, pela reforma agrária, pela autonomia sindical.
- *Elaboração de audiovisuais* da realidade do povo: geralmente um entendido ensina a gente do povo, que vai fazendo junto com ele. É importante como conscientização e como conservação da memória coletiva, fonte de inspiração e de coragem.

6 Conclusão: não quebrar o caniço rachado nem apagar a mecha que fumega

Seja dada a palavra a alguém que mais quis neste mundo fraternidade e participação. Ele foi um dos que sumamente moveram a história e continua sendo sempre uma fonte de inspiração para os que têm a coragem de sonhar com um mundo mais humano. Ele passou pelo mundo "fazendo bem todas as coisas" (Mc 7,37). Depois de libertar muita gente, pediu aos discípulos que "não o colocassem em evidência" (Mt 12,16). Por quê? Porque se entendia um simples servo de todos, particularmente dos que mais sofrem. Ele mesmo aplicou para si um velho texto de um profeta, para explicar sua atitude e seu projeto de vida: "'Não discutirá nem gritará nas praças, não quebrará o caniço rachado nem apagará a mecha que ainda fumega até fazer triunfar o direito [...]' (Is 42,1-4)" (Mt 12,19-20). Esse homem foi Jesus de Nazaré. Como o profeta dizia, e o evangelista Mateus repetiu: "Em seu nome as nações depositarão sua esperança" (Mt 12,21). Ele é um exemplo para todo cidadão que quer fazer do outro também um cidadão, habitante de uma cidade de iguais, participantes na construção de vida digna e alegre para todos e, para os que têm fé, antecipação do Reino de Deus já neste mundo.

Índice

Sumário, 5

Introdução, 7

1 Que significa ética e moral?, 9
   1 O significado de ética, 9
   2 O significado de moral, 12

2 Uma ética para salvar a Terra, 14
   1 O processo de elaboração da Carta da Terra, 15
   2 Princípios e valores éticos da Carta da Terra, 19
      I Respeitar e cuidar da comunidade da vida, 20
      II Integridade ecológica, 20
      III Justiça social e econômica, 21
      IV Democracia, não violência e paz, 21
   3 Três pontos relevantes na Carta da Terra, 23

3 A ética do cuidado essencial, 27
   1 O novo sonho: o modo de vida sustentável, 28
   2 O cuidado e suas ressonâncias na Carta da Terra, 32
   3 A fábula do Cuidado e suas implicações, 34
   4 O cuidado na cosmogênese e na biogênese, 36

5 O cuidado e as crises culturais, 38

   6 "Cuidar da comunidade da vida com compreensão", 40

   7 "Cuidar da comunidade da vida com compaixão", 41

   8 "Cuidar da comunidade da vida com amor", 44

   9 Conclusão: o cuidado e o futuro da vida, 49

4 Nova cosmologia e Teologia da Libertação, 51

   1 A nova centralidade: o futuro da Terra e da humanidade, 55

   2 Marcos da nova cosmologia: o teatro cósmico, 59

   3 O lugar do ser humano no conjunto dos seres, 63

   4 O pobre e o excluído, vítimas da injustiça ecológica e social, 66

   5 Conclusão: nova urgência da Teologia da Libertação, 68

5 Ecoespiritualidade: ser e sentir-se Terra, 72

   1 Somos Terra que pensa, sente e ama, 73

   2 Que é a dimensão-Terra em nós?, 76

6 Direitos dos pobres como direitos de Deus, 82

   1 Direitos humanos como direitos das maiorias pobres, 85

   2 Compromisso das Igrejas com os direitos humanos, especialmente dos pobres, 90

   3 Fundamentação teológica dos direitos das maiorias pobres, 93

   4 Evangelizar e servir a Deus é promover e defender os direitos dos homens, especialmente dos pobres, 99

7 Eucaristia e injustiça social, 102

   1 A alegria da ceia num contexto de morte, 104

   2 Onde não há busca de fraternidade a eucaristia é ofensa a Deus, 107

   3 "Não lanceis aos cães coisas santas", 114

   4 Nem farisaísmo político nem laxismo eucarístico, 116

8 Que significa sobrenatural?, 122

   1 O que se quer significar com a palavra sobrenatural?, 123

   2 A graça permeia a história e atravessa cada coração, 128

   3 O sobrenatural e a alienação crítica a partir da fé libertadora, 131

   4 A relevância teológica da luta dos oprimidos por sua libertação, 134

      a) Uma só história: de opressão e/ou de libertação, 136

      b) Versão secular da presença do reino, 138

      c) Versão religiosa da presença do reino, 139

      d) Missão evangelizadora da Igreja, 140

   5 Relação entre salvação de Cristo e libertação humana, 141

   6 O *ethos* do cristão novo: a partir da identidade da fé, aberto a todos, 144

      a) Sobre a dimensão política da fé, 146

      b) Aspectos teológicos nos relatórios das comunidades, 148

      c) Que Deus aceitamos?, 151

9 Ressurreição e a ameaça de destruição da humanidade, 153

    1 A morte não tem mais a última palavra, 154

    2 Ressurreição: uma utopia realizada, 157

    3 A vida é chamada para a vida, 160

    4 O ser humano morre para ressuscitar, 162

    5 Como seria uma vida ressuscitada?, 164

    6 O algoz não triunfa sobre a vítima, 166

10 São Francisco de Assis: pai espiritual da Teologia da Libertação, 169

    1 A pobreza do Terceiro Mundo como desafio para todos, 170

    2 A Igreja solidária com a libertação dos pobres, 174

    3 Francisco identificado com os pobres: Poverello, 177

        a) Conversão como mudança de classe social, 178

        b) Negação do princípio do sistema capitalista, 181

        c) A fraternidade universal como fruto da pobreza, 183

    4 O carisma franciscano, fator de libertação para o Terceiro Mundo, 186

        a) Liberdade para a utopia, 188

        b) Pensar e agir a partir dos pobres da terra, 188

        c) Viver como pobres e peregrinos neste mundo, 189

        d) Lutar contra a pobreza, pelos pobres e pela justiça, 190

        e) Criadores de uma Igreja na base com os pobres, 191

    5 Conclusão: o desafio de São Francisco, 193

11 Lutero e a libertação dos oprimidos, 194

   1 O protestantismo histórico, promotor da liberdade burguesa, 195

   2 Lutero libertador na Igreja, reformador na sociedade, 200

   a) Libertação do cativeiro babilônico da Igreja, 203

   b) A apropriação do espírito protestante pelos novos senhores, 212

   3 O evangelismo protestante como fator de libertação dos oprimidos, 217

   a) O princípio protestante, 217

   b) Recuperação do potencial libertador do Evangelho, 218

   c) A fé que deslancha obras de libertação, 219

12 Que é ser intelectual e pensador?, 221

   1 O intelectual e o pensador numa sociedade de classes, 221

   2 O lugar do pensador e o gênero de seu discurso, 232

   3 Alceu Amoroso Lima, pensador e testemunha do espírito, 235

   a) A convivência da fé e da inteligência, 240

   b) A articulação dos sentidos no sentido supremo, 242

   c) O universal encarnado no particular, 243

   d) O pensamento que se faz profecia, 244

   4 Abertura para a Igreja na base e para a Teologia da Libertação, 247

   a) A culminância do pensamento: a contemplação, a sabedoria e a alegria de viver, 249

   b) A santidade do natural, 253

13 Fazer política na perspectiva de libertação, 257

  1 Uma filosofia nova para uma política nova, 258

  2 Gestação do povo e educação do político, 260

    a) Gestação do povo, 260

    b) Educação do político, 262

  3 Características de uma filosofia do trabalho popular, 264

    a) A identificação com o povo, 264

    b) Amor e confiança no povo, 267

    c) Apreciar a cultura popular, 270

    d) O serviço ao povo junto do povo, 271

  4. Notas metodológicas para o trabalho junto do povo, 273

    a) Partir da realidade, 273

    b) Sentir o pulsar do povo e respeitá-lo, 274

    c) Coragem para os primeiros passos, 276

    d) Importância da preparação e da avaliação, 277

    e) Objetivo: alcançar a autonomia do movimento popular, 279

    f) Permanente referência aos ideais da democracia, 280

  5 Algumas técnicas para o trabalho popular, 282

    a) Instrumentos, 282

    b) Processos, 283

  6 Conclusão: não quebrar o caniço rachado nem apagar a mecha que fumega, 284

Livros de Leonardo Boff

1 – *O Evangelho do Cristo Cósmico*. Petrópolis: Vozes, 1971 [Esgotado – Reeditado pela Record (Rio de Janeiro), 2008].

2 – *Jesus Cristo libertador*. 21. ed. Petrópolis: Vozes, 2011.

3 – *Die Kirche als Sakrament im Horizont der Welterfahrung*. Paderborn: Verlag Bonifacius-Druckerei, 1972 [Esgotado].

4 – *A nossa ressurreição na morte*. 11. ed. Petrópolis: Vozes, 2011.

5 – *Vida para além da morte*. 25. ed. Petrópolis: Vozes, 2009.

6 – *O destino do homem e do mundo*. 12. ed. Petrópolis: Vozes, 2011.

7 – *Experimentar Deus*. Petrópolis: Vozes, 2010. Publicado em 1974 pela Vozes com o título *Atualidade da experiência de Deus* e em 2002 pela Verus com o título atual.

8 – *Os sacramentos da vida e a vida dos sacramentos*. 28. ed. Petrópolis: Vozes, 2011.

9 – *A vida religiosa e a Igreja no processo de libertação*. 2. ed. Petrópolis: Vozes/CNBB, 1975 [Esgotado].

10 – *Graça e experiência humana*. 7. ed. Petrópolis: Vozes, 2011.

11 – *Teologia do cativeiro e da libertação*. Lisboa: Multinova, 1976 [Reeditado pela Vozes, 1998 (6. ed.)].

12 – *Natal*: a humanidade e a jovialidade de nosso Deus. 8. ed. Petrópolis: Vozes, 2009.

13 – *Ecksiogênese* – As comunidades reinventam a Igreja. 3. ed. Petrópolis: Vozes, 1977 [Reeditado pela Record (Rio de Janeiro), 2008].

14 – *Paixão de Cristo, paixão do mundo*. 7. ed. Petrópolis: Vozes, 2011.

15 – *A fé na periferia do mundo*. 5. ed. Petrópolis: Vozes, 1991 [Esgotado].

16 – *Via-sacra da justiça*. 4. ed. Petrópolis: Vozes, 1978 [Esgotado].

17 – *O rosto materno de Deus*. 11. ed. Petrópolis: Vozes, 2011.

18 – O *Pai-nosso* – A oração da libertação integral. 12. ed. Petrópolis: Vozes, 2009.

19 – *Da libertação* – O teológico das libertações sócio-históricas. 4. ed. Petrópolis: Vozes, 1976 [Esgotado].

20 – *O caminhar da Igreja com os oprimidos*. Rio de Janeiro: Codecri, 1980 [Esgotado – Reeditado pela Vozes (Petrópolis), 1998 (2. ed.)].

21 – *A Ave-Maria* – O feminino e o Espírito Santo. 9. ed. Petrópolis: Vozes, 2009.

22 – *Libertar para a comunhão e participação*. Rio de Janeiro: CRB, 1980 [Esgotado].

23 – *Igreja carisma e poder*. Petrópolis: Vozes, 1981 [Reedição ampliada pela Ática (Rio de Janeiro), 1994 e pela Record (Rio de Janeiro), 2005].

24 – *Crise, oportunidade de crescimento*. Petrópolis: Vozes, 2010. Publicado em 1981 pela Vozes com o título *Vida segundo o Espírito* e em 2002 pela Verus com o título atual.

25 – *Francisco de Assis* – Ternura e vigor. 12. ed. Petrópolis: Vozes, 2009.

26 – *Via-sacra para quem quer viver*. Petrópolis: Vozes, 2011. Publicado em 1982 pela Vozes com o título *Via-sacra da ressurreição* e em 2003 pela Verus com o título atual.

27 – *Mestre Eckhart:* a mística do ser e do não ter. Petrópolis: Vozes, 1983 [Reedição sob o título de *O livro da Divina Consolação*. Petrópolis: Vozes, 2006 (6. ed.)].

28 – *Ética e ecoespiritualidade*. Petrópolis: Vozes, 2010. Publicado em 1984 pela Vozes com o título *Do lugar do pobre* e em 2003 pela Verus com o título atual e com o título *Novas formas da Igreja:* o futuro de um povo a caminho.

29 – *Teologia à escuta do povo*. Petrópolis: Vozes, 1984 [Esgotado].

30 – *A cruz nossa de cada dia*. Petrópolis: Vozes, 2011. Publicado em 1984 pela Vozes com o título *Como pregar a cruz hoje numa sociedade de crucificados* e em 2004 pela Verus com o título atual.

31 – *Teologia da libertação no debate atual*. Petrópolis: Vozes, 1985 [Esgotado].

32 – *Francisco de Assis*. Homem do paraíso. 4. ed. Petrópolis: Vozes, 1999.

33 – *A trindade, a sociedade e a libertação*. 5. ed. Petrópolis: Vozes, 1999.

34 – *E a Igreja se fez povo*. Petrópolis: Vozes, 1986 [Reedição pela Verus (Campinas), 2004, sob o título de *Ética e ecoespiritualidade* (2. ed.), e *Novas formas da Igreja:* o futuro de um povo a caminho (2. ed.)].

35 – *Como fazer Teologia da Libertação?* 10. ed. Petrópolis: Vozes, 2010.

36 – *Die befreiende Botschaft*. Freiburg: Herder, 1987.

37 – *A Santíssima Trindade é a melhor comunidade*. 11. ed. Petrópolis: Vozes, 2009.

38 – *Nova evangelização:* a perspectiva dos pobres. 4. ed. Petrópolis: Vozes, 1991 [Esgotado].

39 – *La misión del teólogo en la Iglesia*. Estella: Verbo Divino, 1991.

40 – *Seleção de textos espirituais*. Petrópolis: Vozes, 1991 [Esgotado].

41 – *Seleção de textos militantes*. Petrópolis: Vozes, 1991 [Esgotado].

42 – *Con la libertad del Evangelio*. Madri: Nueva Utopia, 1991.

43 – *América Latina*: da conquista à nova evangelização. São Paulo: Ática, 1992.

44 – *Ecologia, mundialização e espiritualidade*. 2. ed. São Paulo: Ática, 1993 [Reedição pela Record (Rio de Janeiro), 2008].

45 – *Mística e espiritualidade* (com Frei Betto). 4. ed. Rio de Janeiro: Rocco, 1994 [Reedição revista e ampliada pela Garamond (Rio de Janeiro), 2005 (6. ed.) e Reedição pela Vozes (Petrópolis), 2010].

46 – *Nova era:* a emergência da consciência planetária. 2. ed. São Paulo: Ática, 1994 [Reedição pela Sextante (Rio de Janeiro), 2003, sob o título de *Civilização planetária:* desafios à sociedade e ao cristianismo].

47 – *Je m'explique*. Paris: Desclée de Brouwer, 1994.

48 – *Ecologia* – Grito da terra, grito dos pobres. 3. ed. São Paulo: Ática, 1995 [Reedição pela Sextante (Rio de Janeiro), 2004].

49 – *Princípio Terra* – A volta à Terra como pátria comum. São Paulo: Ática, 1995 [Esgotado].

50 – (org.) *Igreja:* entre norte e sul. São Paulo: Ática, 1995 [Esgotado].

51 – *A Teologia da Libertação:* balanços e perspectivas (com José Ramos Regidor e Clodovis Boff). São Paulo: Ática, 1996 [Esgotado].

52 – *Brasa sob cinzas.* 5. ed. Rio de Janeiro: Record, 1996.

53 – *A águia e a galinha:* uma metáfora da condição humana. 48. ed. Petrópolis: Vozes, 2010.

54 – *Espírito na saúde* (com Jean-Yves Leloup, Pierre Weil, Roberto Crema). 7. ed. Petrópolis: Vozes, 2008.

55 – *Os terapeutas do deserto* – De Fílon de Alexandria e Francisco de Assis a Graf Dürckheim (com Jean-Yves Leloup). 13. ed. Petrópolis: Vozes, 2010.

56 – O *despertar da Águia:* o dia-bólico e o sim-bólico na construção da realidade. 22. ed. Petrópolis: Vozes 2010.

57 – *Das Prinzip Mitgefühl* – Texte für eine bessere Zukunft. Freiburg: Herder, 1998.

58 – *Saber cuidar* – Ética do humano – compaixão pela terra. 17. ed. Petrópolis: Vozes, 2011.

59 – *Ética da vida.* 3. ed. Brasília: Letraviva, 1999 [Reedição pela Sextante (Rio de Janeiro), 2005, e pela Record (Rio de Janeiro), 2009].

60 – *A oração de São Francisco:* uma mensagem de paz para o mundo atual. 9. ed. Rio de Janeiro: Sextante, 1999 [Reedição pela Vozes (Petrópolis), 2009].

61 – *Depois de 500 anos:* que Brasil queremos? 3. ed. Petrópolis: Vozes, 2003 [Esgotado].

62 – *Voz do arco-íris,* 2. ed. Brasília: Letraviva, 2000 [Reedição pela Sextante (Rio de Janeiro), 2004].

63 – *Tempo de transcendência* – O ser humano como um projeto infinito. 4. ed. Rio de Janeiro: Sextante, 2000 [Reedição pela Vozes (Petrópolis), 2009].

64 – *Ethos mundial* – Consenso mínimo entre os humanos. 2. ed. Brasília: Letraviva, 2000 [Reedição pela Sextante (Rio de Janeiro), 2003 (2. ed.)].

65 – *Espiritualidade* – Um caminho de transformação. 3. ed. Rio de Janeiro: Sextante, 2001.

66 – *Princípio de compaixão e cuidado* (em colaboração com Werner Müller). 4. ed. Petrópolis: Vozes, 2009.

67 – *Globalização:* desafios socioeconômicos, éticos e educativos. 3. ed. Petrópolis: Vozes, 2002 [Esgotado].

68 – *O casamento entre o céu e a terra* – Contos dos povos indígenas do Brasil. Rio de Janeiro: Salamandra, 2001.

69 – *Fundamentalismo:* a globalização e o futuro da humanidade. Rio de Janeiro: Sextante, 2002 [Esgotado].

70 – (com Rose Marie Muraro) *Feminino e masculino:* uma nova consciência para o encontro das diferenças. 5. ed. Rio de Janeiro: Sextante, 2002 [Esgotado].

71 – *Do iceberg à arca de Noé:* o nascimento de uma ética planetária. 2. ed. Rio de Janeiro: Garamond, 2002.

72 – (com Marco Antônio Miranda) *Terra América:* imagens. Rio de Janeiro: Sextante, 2003 [Esgotado].

73 – *Ética e moral:* a busca dos fundamentos. 6. ed. Petrópolis: Vozes, 2010.

74 – *O Senhor é meu Pastor,* consolo divino para o desamparo humano. 3. ed. Rio de Janeiro: Sextante, 2004 [Reedição pela Vozes (Petrópolis), 2010 (2. ed.)].

75 – *Responder florindo.* Rio de Janeiro: Garamond, 2004.

76 – *São José:* a personificação do Pai. 2. ed. Campinas: Verus, 2005 [Reedição pela Vozes (Petrópolis), 2011].

77 – *Virtudes para um outro mundo possível* – Vol. I: Hospitalidade: direito e dever de todos. Petrópolis: Vozes, 2005.

78 – *Virtudes para um outro mundo possível* – Vol. II: Convivência, respeito e tolerância. Petrópolis: Vozes, 2006.

79 – *Virtudes para um outro mundo possível* – Vol. III: Comer e beber juntos e viver em paz. Petrópolis: Vozes, 2006.

80 – *A força da ternura* – Pensamentos para um mundo igualitário, solidário, pleno e amoroso. 3. ed. Rio de Janeiro: Sextante, 2006.

81 – *Ovo da esperança:* o sentido da Festa da Páscoa. Rio de Janeiro: Mar de Ideias, 2007.

82 – (com Lúcia Ribeiro) *Masculino, feminino:* experiências vividas. Rio de Janeiro: Record, 2007.

83 – *Sol da esperança* – Natal: histórias, poesias e símbolos. Rio de Janeiro: Mar de Ideias, 2007.

84 – *Homem:* satã ou anjo bom. Rio de Janeiro: Record, 2008.

85 – (com José Roberto Scolforo) *Mundo eucalipto.* Rio de Janeiro: Mar de Ideias, 2008.

86 – *Opção Terra.* Rio de Janeiro: Record, 2009.

87 – *Fundamentalismo, terrorismo, religião e paz.* Petrópolis: Vozes, 2009.

88 – *Meditação da luz.* 2. ed. Petrópolis: Vozes, 2010.

CULTURAL

Administração
Antropologia
Biografias
Comunicação
Dinâmicas e Jogos
Ecologia e Meio Ambiente
Educação e Pedagogia
Filosofia
História
Letras e Literatura
Obras de referência
Política
Psicologia
Saúde e Nutrição
Serviço Social e Trabalho
Sociologia

CATEQUÉTICO PASTORAL

Catequese
Geral
Crisma
Primeira Eucaristia

Pastoral
Geral
Sacramental
Familiar
Social
Ensino Religioso Escolar

TEOLÓGICO ESPIRITUAL

Biografias
Devocionários
Espiritualidade e Mística
Espiritualidade Mariana
Franciscanismo
Autoconhecimento
Liturgia
Obras de referência
Sagrada Escritura e Livros Apócrifos

Teologia
Bíblica
Histórica
Prática
Sistemática

REVISTAS

Concilium
Estudos Bíblicos
Grande Sinal
REB (Revista Eclesiástica Brasileira)
RIBLA (Revista de Interpretação Bíblica Latino-Americana)
SEDOC (Serviço de Documentação)

VOZES NOBILIS

O novo segmento de publicações da Editora Vozes.

PRODUTOS SAZONAIS

Folhinha do Sagrado Coração de Jesus
Calendário de Mesa do Sagrado Coração de Jesus
Almanaque Santo Antônio
Agendinha
Diário Vozes
Meditações para o dia a dia
Guia do Dizimista

CADASTRE-SE
www.vozes.com.br

EDITORA VOZES LTDA.
Rua Frei Luís, 100 – Centro – Cep 25689-900 – Petrópolis, RJ – Tel.: (24) 2233-9000 – Fax: (24) 2231-4676 –
E-mail: vendas@vozes.com.br

UNIDADES NO BRASIL: Aparecida, SP – Belo Horizonte, MG – Boa Vista, RR – Brasília, DF – Campinas, SP –
Campos dos Goytacazes, RJ – Cuiabá, MT – Curitiba, PR – Florianópolis, SC – Fortaleza, CE – Goiânia, GO –
Juiz de Fora, MG – Londrina, PR – Manaus, AM – Natal, RN – Petrópolis, RJ – Porto Alegre, RS – Recife, PE –
Rio de Janeiro, RJ – Salvador, BA – São Luís, MA – São Paulo, SP
UNIDADE NO EXTERIOR: Lisboa – Portugal